あなたに贈る人生の道しるべ

続・ことばの花束

青山俊董

春秋社

あなたに贈る　人生の道しるべ——続・ことばの花束　目次

装画　荒崎　良和

あなたに贈る　人生の道しるべ——続・ことばの花束

初出・「中日新聞」平成八年五月〜平成二十九年八月

春

あなたがそこにただいるだけで　なんとなくその場の空気が　あかるくなる。
あなたがそこにいるだけで　みんなのこころがやすらぐ。
そんなあなたに、わたしもなりたい。

相田みつを

豪雪地帯ではない信州塩尻に降った大雪も、春の日差しの中でようやく消え、草が萌《も》え始めた。その姿を見ながら思った。

太陽が出さえすれば、雪や氷を解かそうとしなくても自然に解け、その下からは早くも若やかな新しい命が萌え出してくるのだと。

その人がそこにいるというだけで、その人に出会ったというだけで、人の心の雪や氷を、むすぼれを解きほぐしてゆくお方がある。逆に人の心を凍らせてゆく人もある。太陽のぬくもりの中で相田みつをさんの詩を思ったことであった。

ははこぐさ

利行《りぎょう》は一法《いっぽう》なり、あまねく自他を利するなり。

道元禅師

君にすすむ手あぶりの火のぬくもりに　ほころびそめし　一輪の梅

今年の勅題「火」によせての私の歌である。あなたに、お客さまに、あたたまっていただこうと勧めた手あぶりの火のぬくもりで、同じ部屋にいあわせた人々も等しくぬくもりをいただき、一輪の梅もほころびはじめた、というのである。

年末年始、あるいは何かことがあると、台所を担当する者は忙しい。寒い台所で休む暇もなく料理に追われて分が悪いと思ってはならない。おかげで料理の腕を磨くことができるではないか。

商売も、客が喜ぶようにとだけ考えて商売すれば、自然に繁盛する。私も講義をせねばならないために、たとえ夜遅くとも祖録《そろく》をひもとく。一番得をしているのは聞き手より私である。そういう姿を道元禅師は「利行は一法なり、あまねく自他を利するなり」と示された。

せんりょう

気に入らぬ風もあろうに柳かな

江戸後期　博多　仙厓《せんがい》義梵《ぎぼん》

茶の湯の世界では正月の床の間にしだれ柳を生ける。正月に柳を飾る習慣は松よりも古い。

中国・唐代の趙州が、別れのあいさつに「摘楊花《てきようか》」という言葉を使っている。文字が示すように旅立ちの餞《はなむけ》に楊柳《ようりゅう》の枝をおくる習慣があったようである。箸《はし》に使った柳さえも土に挿せば根を張り、成長も早い。そのように旅先、いつどこにあっても、そこに根を張り、しかも早く成功してくれ、との祈りがこめられての餞だという。

さらには「柳に雪折れなし」といわれるように、柳はやわらかい。「東や南の風にはなびくが西や北の風は嫌いだ」とはいわず、どちらの風にもこだわりなくなびき、なびく姿も美しく、風がやめばもとの姿にもどる。この我のつっぱりのない柔軟さと強さで、この一年の人生の旅路をと、柳に託して思うことである。

「葉っぱでもトウが立つと食えぬようになる」
「宗教とは、何ものにもダマサレヌ、マッ新《たら》し（真新しい）の自己に生きることである」

沢木興道

人間同士が敵味方にわかれ、正義をかざして戦う。立場が変わることによって逆転するような正義は、正義でも何でもない。こりかたまり、のぼせあがっているだけのことなのに。みんながやっているから、大多数の人が賛成だから。流行だから美しいとは限らず、多数だから正しいとは限らないのに。多数決の名のもとに一人の正義が抹殺されることだってある。

「鰯《いわし》の頭も信心から」の諺《ことわざ》が示すような宗教のあり方。それは酔っぱらって鰯が鰯と見られなくなっている状態であって、狂信のほかのなにものでもない。

沢木老師はこういう類《たぐい》の人をグループぼけと呼び、トウの立った人間と呼び、小人と呼ばれた。成人の日、心して「トウの立たない」「マッ新し」の透明な眼を持った大人になるとはどういうことかと考えてみた。

私は梅　あなたは桃　花のいのちはどこかで一つに融《と》け合っている。
融け合いながら、私は梅に咲き、あなたは桃に咲く。

榎本栄一

「百草頭上《ひゃくそうとうじょう》無辺《むへん》の春」という禅語がある。地上にあるすべてのものの上に、全く平等に一つの春が訪れ、その春の働きをいただいて、梅や桃は丈高く、スミレやタンポポは地にはりついて咲く、というのである。

春そのものは具体的な姿を持たない。無限定のものであるからこそ、いつでも、どこでも、という在り方ですべてのものをつつみ、生かしている。ちょうどそのように、仏の御生命《おんいのち》、御働《おんはたら》きというものは限定した姿を持たないからこそ、地上の一切のものの上に平等に働きかけ、その御生命、御働きをいただいて私やあなたの今日只今《こんにちただいま》の生命の営みがあるというのである。

その生命にめざめ、一つの生命に生かされている兄弟という自覚のもと、つまらない争いや背比べを止《や》め、それぞれの授かりの花を咲かせていきたい。

きつねあざみ

ちょっと人にゆずる、ちょっと仏法にふれる。

榎本栄一

氷でおおわれていた小川も、春の陽《ひ》ざしを受けて溶け、さらさらと音を立てて流れだした。

私は修行僧たちに、人生修行の眼目を、水と氷にたとえて語る。修行の眼目は「私が」という「我」を水として溶かすところにある。たとえば争いがおきたとする。どちらかが水ならぶつかりはしない。ぶつかりが生じた限り、両方とも氷だった証拠。むしろ相手の氷のおかげで、ほかならぬ私が氷であったな、と気づかせていただくことができる。相手の氷を仏と拝め、と。

教えの光に照らされることで、自分が氷であったことに気づくことができたとき、おのずから氷は溶ける。気づかせてくれた相手を拝むことができたとき、喜びの中に一歩退くことができる。私が私に克《か》つことができたとき、相手がたとえ後輩であろうと譲ることができる。

むらさきけまん

生涯修行　臨終定年

松原泰道

九十九歳の泰道老師の手紙の中に、「生涯修行、臨終定年」の一句が入っていた。

還暦の峠をこえて　あらたなる
また旅立ちを　するぞうれしき

人生に退職はない。最後まで本番。最後ほど本番。人類の先達が遺してくれたすばらしい教えを学ぶのに時間が足りない。よし、やるぞ！　そんな思いで還暦を迎えた春に詠じた私の歌である。

一度目の人生の暦の旅は、主人という、または主婦という配役で忙しく、それなりに生き甲斐もあろうが、忙しさにかまけて、足も心も宙に浮きかねない。

二度目の暦の旅は、第一線から退いて、自分自身と向かい合う時間が多くなる。その代わり、人生を「生老病死」の一言であらわすなら、「老病死」という景色も多くあらわれるようになろう。積極的に老病死を見据えて人生を深める、そんな一歩一歩でありたいと思う。さらに欲ばって、「生々世々修行、定年なし」の歩みを。道元禅師の示される「道窮りなし」の御心もこれであろうかと思うことである。

小水の常に流るれば、すなわちよく石を穿《うが》つが如し。

遺教経《ゆいきょうぎょう》

ある海岸を散策していて、そこにそそり立つ岩肌に、寄せては返す波が掘り出したみごとな彫刻を発見し、お釈迦さまが『遺教経』（遺言の教え）の中で、水にたとえて精進のあり方を示された教えを、まのあたりに見る思いがして、感動したことであった。

教育の世界に生涯をかけられた東井義雄《とういよしお》先生は、ある時、子どもたちにこう語りかけたという。「廊下の雑巾《ぞうきん》がけをするのに一度に百回拭くのと、毎日ていねいに拭いて百回続けるのと、どちらが美しくなるか」と。

一度に百回拭く方がまだしも楽であり、百日続けることは至難といえよう。洞山良价《とうざんりょうかい》禅師の言葉に「相続や大難なる」、「相続は力なり」というのがある。続けることは難しい。しかし続けさえすれば力はつく。あせらず、あきらめず、怠らず、一歩一歩を大切に歩んでゆきたい。

わかっているかい　死ぬんだよ　そう　お前さんも　このわたくしも

小倉玄照

大切な人があいついで黄泉《よみ》の客となった。会葬の方々に私は語る。「葬儀の一つの意味は、旅立つ人が全身心を挙《おこ》して、遺《のこ》る者たちに語りかける一言の遺言を聞くところにある。それは何か。『死ぬんだよ、あなた方も。いつその日が来てもよいように、毎日を大事に生きなさい』の一言ではなかろうか」と。

老若を問わず、病者と健康とを問わず、予告なし、まったなしにこの日は来る。いつお迎えが来てもよいような毎日、毎時間の生き方ができたとき、死者の遺言を聞き得たといえるのであり、同時にそういう生き方をすることこそが、亡き人への最高の供養なんだということも忘れまい。釈尊も「教えに従って善き生き方をすることこそ最高の供養」と遺言を結ばれ、八十年の生涯を閉じられた。

だまされてよくなり、悪くなっては駄目《だめ》。
いじめられてよくなり、いじけてしまっては駄目。
ふまれておきあがり、倒れてしまっては駄目（略）

坂村真民《さかむらしんみん》

雪がとけて畑の黒い土に草々の緑が目立つころになると、遠き日、師匠と共に麦踏みをしたことや「踏まれておきあがり」の坂村真民先生の詩を思い出す。

麦は冬の寒さに堪えて春を迎える。雪や霜で浮きあがった根を、水ぬるむ季節を待って、やわらかい藁草履《わらぞうり》をはき、やさしく、しかししっかりと踏んでやる。踏まれることで麦は大地に力強く根を張ることができる。過保護では駄目になるばかり。踏まれても倒れずに起きあがる力は、踏まれることで育つのである。

もう一つ大切なことは、踏むべき時があるということ。地にはりついている幼い時に、しかも愛情をもって踏まねばならない。大きく育ってから、しかも乱暴に踏んだら、折れるばかりで立ちあがることはできないのである。

いい日だ　つつじの花のむこうを　老人が歩いて行く　赤ん坊をおぶっている足どりも
軽やかだ　右足　左足　右足　左足　あっ　片足で立った　おっ　半ひねり　すごいなあ
人が歩くって　私も前は　あんな見事な技を　こともなく　毎日やっていたのか。

星野富弘

これは首から下の自由を全く失ってしまった星野富弘さんが、口に筆をくわえて描いた絵に添えられた詩である。

失ったものにこだわり、いつまでもクヨクヨとうしろ向きに生きず、失うという代償によって与えられた多くの贈り物を、病むことを通してのみ気づくことのできる多くのことを、積極的に受けとめ、前向きに生きよ、とこの詩は語りかける。

散ればこそいとど桜はめでたけれ　この世に何か久しかるべき

『伊勢物語』

昨年暮れにいただいた洋蘭《ようらん》の見事な鉢が、美しい花を咲かせ続けて三か月がすぎた。初めは「まあきれい！」と互いに歓声をあげていたのが、だんだん何も言わなくなり、やがては「いくら美しい花でも、こう長く咲いていると飽きてきますね」などという会話さえ飛び出してくる。

人間は勝手なものである。美しい花はいつまでもと願いつつ、願い通りに咲き続けると飽きてくる。そんな心の動きを見据えつつ思う。「盛り久しき花は嫌いなり」と言われた利休の心を、「死ぬからいいんじゃ」と言われた余語翠巌老師のお心を、そして散り急ぐ桜を愛する日本人の心の深さを。

背比べ止めい！

沢木興道

ある会合で「ナンバー・ワンにならなくてもいい、もともと特別なオンリー・ワン」の歌（槇原敬之作詞作曲『世界に一つだけの花』）を聞き、沢木老師の「背比べ止めい！」の言葉を思い、釈尊の「唯我独尊」の教えに思いをはせた。

二千五百八十年前の四月八日、無憂華《むゆうげ》の花の下で誕生された釈尊は、天と地を指さし「天上天下《てんげ》唯我独尊」と獅子吼《ししく》されたと伝えられている。釈尊御一代の教えを象徴的に表現したものであろう。

人は皆三十数億年の生命の歩みと、六十兆の細胞が総力をあげての働きと、さらには太陽から銀河系惑星に至るまでもの働きを、全く平等にいただいて生きている。人間の比べあいのモノサシを捨て、天地いっぱいに生かされている生命の尊さに目覚めよ、との教えに改めて参じたい。

句作になるとするとあり。内を常に勤めて物に応ずれば、その心のいろ句となる。内を常に勤めざるものは、ならざるが故に私意にかけてする也《なり》。

松尾芭蕉

　三月は利休が秀吉の怒りに触れて自刃《じじん》した月。茶道を学ぶ者は利休忌を勤めて遺徳を偲《しの》ぶ。

　ある日利休は、招かれて某茶人を訪ねた。露地《ろじ》の中垣の古い狐戸《きつねど》を見た伴の宗安《そうあん》が、「さびておもしろい」と言ったら、利休は「私はそう思わない。おそらく遠い山寺から求めて来たもので、人足の費用などと共に相当にかかっているはず。ほんとうの侘《わび》の心なら、粗末な板屑《いたくず》をつぎあわせて作ってもらうべきもの」と誡《いまし》められたという。

　この利休の心を受けつぎ、片桐石州《かたぎりせきしゅう》は「茶の湯さびたるはよし、さばしたるは悪《あ》しき」と語り、更に芭蕉の「なるとする」の心に受けつがれたといってよかろう。弟子達に、「毎日を本番として大切に勤めていれば、本番は平常底で勤めることができる」と、利休や芭蕉の言葉を借りて語ったことである。

私の生命《いのち》が、私の手のとどかぬもの。

元東大寺長老・清水公照

教誨《きょうかい》師を勤めておられた高光大船《たかみつだいせん》師はある日、服役中の青年に語りかけた。
「少しはな、御両親の気持ちも考えるんだぞ。御両親は夜も眠れない思いで、お前のことを心配しておられるんだからな」と。するとこの青年は「おれは箸《はし》一本、親の世話になっておらん。この腕一本で生きてきた！」と叫んだ。すかさず「その腕一本、どこからもらった」と高光師は切り返した、という話を伝え聞いている。

親からというのではなかろう。親も天地いっぱいの働きという授かりがなければ、子供を産むことさえできないのだから。「年をとるのもアナタまかせ」と沢木興道老師はおっしゃったが、天地いっぱい総力をあげての働きをいただいて初めて、食欲も眠りも呼吸一つもできるのだということを、忘れてはならない。

人の為と書いて　いつわりと　よむんだねぇ。

相田みつを

「偽」という字を、私は「人為的になされたものはニセモノ」と読みたい。文化といえば聞こえはよいが、みな人為的に作られたもの。その中に包まれ、本来自然であるべき人間の生命が疲れ果てているというのが、現代の姿とはいえまいか。野菜も果物も花も一年中店頭に並び、人々は旬を忘れてしまった。街路樹も公園も、山林や河川までも人間の都合にあわせて作りかえられ、結果として雨が続くと山津波や洪水をひきおこす。天災ではなく人災といわれるゆえんである。

「花は野にあるように」の利休の言葉の象徴する心は何か。人間のこざかしい分別《ふんべつ》の手垢《てあか》のつかない以前の、純乎《じゅんこ》として純なる生命の姿、天地の姿に立ちかえり、そこから人間の営みの愚かさを省みよ、との警告といえないか。

病によりて道心はおこり候（妙心尼御前御返事《みょうしんにごぜんごへんじ》）

日蓮聖人

古来より「出会いは人生の宝」といわれており、「よき出会いを」と念ぜずにはおれない。しかし出会いはアンテナが立っていなければ成立しない。どんなにすばらしい人や教えの場にあっても、切に求めるという心のアンテナが立っていなければ、出会うことはできない。

ある会社の新入社員研修を担当した。坐禅と講話を中心とする一日研修を終えたあとの感想は、二十人の中の十九人までが「足の痛い」ことだけであった。たった一人、重病を患った青年が「病苦の経験と重ねて、今日のお話は心に染《し》みて有難かった」と語ってくれた。

病苦とか、さまざまな苦しみのおかげで求道心というアンテナが立ち、人に、教えに出会うことができるのである。苦は「アンテナを立てよ」という仏よりたまわりし慈悲の贈り物と気づいたことであった。

千里の目を窮《きわ》めんと欲して　更に一層の楼《ろう》に上《のぼ》る

中国・唐・王之渙

台湾の阿里山で御来光を拝むべく登山したときのこと。頂上近くの曲がり角に「欲窮千里目　更上一層楼」と書かれた標識が目にとまり、思わずメモをした。王之渙《おうしかん》の「鸛《かん》鵲楼《じゃくろう》に上《のぼ》る」と題する五言絶句のうちの転・結の二句である。壮大な景色を更に見窮めようとして、もう一階高きに登る、というのである。

私の自坊は信州で、二千メートル級の美ヶ原などの高原を背景に、三千メートル級のアルプス連峰を朝夕眺めている。

時折知人を案内して高原に登り、白雪のアルプス連峰の展望を楽しむのだが、不思議なことに眺める自分の位置が高くなるほど相手の山も高くなる。また広く展望がきくほどに自分の小ささが見えてくる。

より深い世界を知るために、そして自分の貧しさを知るために、更に一歩高く、深く、と歩みを進めたい。

大木惇夫《あつお》

辛夷《こぶし》は白き花ながら　つくづく見れば影もあり
影と見えつつ　こうごうしくも　さびあかりけり

逃げることのできない悲しみに直面している方に、私はこの詩を書いてそっと渡し、そして語った。

「あなたの苦しみが逃げようのないものだからいいのよ。人は辛《つら》いと逃げる。眼をそらし、ごまかそうとする。それでは事は解決しない。辛かろうけれど、まっすぐ見つめること、姿勢をくずさず、救《たす》けを求めず、受けて立つことですよ。

その悲しみのゆえに聞こえてくるものがある。そのどん底のゆえに見えてくるもの、気づかせていただけるものがあるはず。いつの日か、その苦しみを拝める日が来るでしょう。

人生の幸・不幸が人柄に陰影をつくるが、それが暗くては駄目ね。苦しみを越え、苦しみを拝めたとき、影はこうごうしい光を放ってくるものでしょう」と。

花は年々に開くれども（略）、竹は時々に響けども聞く者尽《ことごと》く証悟《しょうご》するにあらず。ただ久参修持《きゅうさんしゅうじ》の功により、辨道勤労《べんどうごんろう》の縁を得て悟道明心《ごどうみょうしん》するなり。

道元禅師

香厳《きょうげん》禅師は庭掃除をしていて、竹に石がカチッと当たった音を聞いて悟り、霊雲《れいうん》禅師は旅の途上、咲きほこる桃の花を見て、年来の疑問が解けたと伝えられる。

道元禅師はこの二つの故事を提示し、同じように桃の花や竹の響きを聞いたり見たりしても、聞く耳、見る眼が開いていないと、聞くことも見ることもできない、と示される。

その聞く耳、見る眼は、人生の良き師に、それも久しく参じつづけ、そのもとで一刻《とき》一刻を大切に勤めあげてゆくことにより次第に熟し、ある時、何かの縁でハッと気づくことができ、見えなかったもの、聞こえなかったものが、見えたり聞こえたりするようになるというのである。あせらず、あきらめず、怠らず、歩みつづけたいと思うことである。

いつか僕が悪さをした時　父は怒った　本気でなぐった（中略）　その時見たんだ父の涙を　僕は父にしがみついたんだ　本気でなぐった父の胸に

小学生の詩

道元禅師は「非を憎んでも人を憎むな」とさとしておられる。たとえそのことが悪いことであっても、憎しみや感情が入ったら反発しか残らないであろう。愛の極限が、時に叱《しか》る姿となって現れる。祈る思いで涙しつつ叱る。その深い愛を、たとえ子供であろうと間違いなく受けとめていくであろう。叱る側にまわったら、涙しつつ叱るというような叱り方ができたらいいな、と思う。

逆に叱られる側にまわったら、文句なし、条件なしに、どんな叱り方であろうと、第三者なればこそ見える私の欠点、喜んで受けていきたい。蓮如上人が「直接言いにくかったら、第三者に悪口という形ででもよいから言ってくれ。伝え聞いて直したいから」とおっしゃったという。肝に銘じておきたい言葉である。

たった一輪のスミレのために地球がまわり、風が吹き、雨が降る。　ジョン・ミューア

国立公園の父と呼ばれるジョン・ミューアは、雪の山脈を六年も放浪し、その体験から、「水があるから木が生える」のではなく、「木があるから水がある」の考えに至り、「たった一輪のスミレのために地球がまわり、風が吹き、雨が降る」と語ったという。

二千五百年前、釈尊が発見された天地の真理は、「縁起」の一言といえよう。一切のものが一点の例外もなく皆かかわりあって存在しているのだというのである。例えば時計の部品の一つが故障したら、時計全部が止まる。つまり一つの部品を動かす背景に、時計を構成している部品のすべての働きがあるように、私一人を生かし花一輪を咲かす背景に、全地球、全宇宙の働きがある。その生命の尊さにめざめよ、というのが縁起の教えである。

柔らかさは硬さより強く、水は岩より強い。そして愛は暴力より強し。

ヘルマン・ヘッセ

四月、新しく道場に入る修行僧たちに私は語る。「修行の眼目は無我になる修行、氷を水へと解かす修行だ」と。

水と氷は、もとは同じものであるけれど、氷に凝り固まると、どこにでもおさまるというわけにはいかず、無理におさめようとすると両方が傷つく。水になることができたら、どんなところにもすんなりとおさまり、時には自らは汚れつつ相手を清めてゆく。清めてゆくという意識もなく。

私が、私がという自我中心のものの考え方という氷を、まずは教えの光に照らされることで、気づかせてもらうことにより、光のぬくもりで氷を水に解かす修行。これが叢《そう》林《りん》生活の眼目といえよう。道元禅師はこれを「柔軟心《にゅうなんしん》」という言葉で呼びかけ、中国の古典では「柔能《じゅうよ》く剛《ごう》を制す」と語りかけている。

桃李言わざれど、下おのずから蹊《みち》を成す

『史記』司馬遷

桃や李《すもも》は「美しく咲いたから見に来い」と自己宣伝などしない。ただ黙々とみずからの勤めとして精いっぱい花を咲かせ、あるいは実らせているだけであるが、その美しさに惹かれて人々が訪れ、下におのずから小径《こみち》ができた、というのである。

人も、商売も、いかに宣伝しても実がなければ人は集まらず、間違って集まっても、やがて去ってゆくであろう。黙っていても中身が本物なら、中身が豊かならば、おのずから招かずとも人は集まり、商売ならば繁盛してゆくものであろう。

深山に人知れず咲いている山桜や春蘭《しゅんらん》などに出合ったとき、深い感動をおぼえる。人に見せるため、ほめてもらわんがためなどというものが何もない。無心、無所得、無条件でただ咲いていることへの感動である。

桃の花を見ると、中国上代、前漢の景帝に仕えた李広の人柄を賛《たた》えたこの言葉を思い出す。

三味線三筋の糸、一筋一筋の音はかわれども、調子も揃《そろ》えてひく時は、面白い音色となるの道理。

細井平洲

「先生、このごろは『私が主人公』という自己主張の花が多くて、そういう中にいると疲れますね。野の花、自然の花は心を癒やしてくれますが」。花屋の主人の言葉である。

細井平洲は米沢藩主である上杉鷹山の師で、藩政改革を指導したことで有名であり、難しいことをやさしく説くことに努力した学者である。

親子、嫁姑《よめしゅうとめ》などの家庭の調和など、人と人のありようを三筋の糸からなる三味線にたとえて、「一の糸はぼろんぼろん、二の糸はてててんてん、三の糸はきんきん、それぞれ自分の音色を発揮させつつも一つに調和して、美しい音色になる」と説く。

それぞれの配役に落ち着き、十分に務めあげるというのと、自己主張するのとは違うことを心に留めおきたい。

音楽は夢みながら響き始める沈黙なのだ。
音楽の最後の響きが消え去ったときほど、沈黙がありありと聞こえてくることはない。

マックス・ピカート

かつて、カルメル会の奥村一郎神父と対談したことがある。そのとき神父はマックス・ピカートの名著『沈黙の世界』の中の一節を引用しながら、次のような話をされた。「『古池や蛙《かわず》飛び込む水の音』という芭蕉の句は、『水の音』と表現されているものの『音』ではなく、沈黙の音である。音によって生ずる『沈黙の響き』である」と。私は思わずうなずいてしまったことを今も忘れない。

「鳥鳴いて山更に幽《しずか》なり」(宏智広録《わんしこうろく》)という禅語がある。鳥が一声鳴くことによって山の静けさを破るようであるが、むしろその一声によって山の静けさを深いものにし、山の飾りとなっているというのである。

「静」という勅題にちなみ、東洋の「沈黙の文化」「静寂の文化」の深さを再認識したい。

忠臣一言《いちごん》を献ずれば、しばしば天を回《めぐ》らす力あり。……明王にあらざるよりは忠言を容《い》るることなく、抜群にあらざるよりは仏語を容るることなし。

道元禅師

中国に旅し、始皇帝の兵馬俑《へいばよう》を見詰めている私の脳裏を、この道元禅師の言葉がよぎった。

唐の太宗が洛陽宮を修理したいと言い出したのに対し、張玄素が「今は農繁期だから農閑期を待て」と諫言《かんげん》し、太宗は忠言を入れて工事を中止させた。時の宰相の魏徴《ぎちょう》が「張公、事を論ずれば回天の力あり」と激賞した、という故事による。

帝王に諫言するのであるから、文字通り命懸けである。農民を苦しめることはそのまま皇帝のためになることでもないから。忠臣であればこそできることであるが、それを聞き入れることができるというのも、明君であればこそ、というのである。

個の名利のために途方もない浪費と多くの農民を使役して作られた兵馬俑を前に、太宗の故事を想起したことであった。

もうすんだとすれば、これからなのだ。（中略）なんにも無いから、すべてが有るのだ。（中略）生まれてくることは、死んでいくことだ。

まど・みちお

「人生を円環的に考えてはどうかな」とは、余語翠巌《よごすいがん》老師のお言葉。円相には始めも終わりもない。ということは、どの一点を押さえても終着点であると同時に出発点であるともいえる。

学校の卒業は社会への旅立ちであり、結婚も新しい人生への出発である。定年退職した人に私は言う。「人生に退職はない。会社という組織の枠に縛られず、やっとあなた自身の時間をいただけたんじゃないですか。心躍る思いで新しい人生の創造に取り組んでください」と。

「ぞうさん」の童謡で有名になったまど・みちおさんが百四歳で亡くなられた。「生まれてくることは、死んでいくことだ」と歌って。「死ぬことは生まれていくということ」と、永遠のいのちへの旅立ちを楽しんでおられることであろう。

私のことばの限界が、すなわち、私の世界の限界である。

ウィトゲンシュタイン『論理哲学論考』

桜が美しい花吹雪となって散る姿を見ると、日本語の語彙《ごい》の豊かさと美しさに思いをはせる。

桜や梅は「散る」といい、椿《つばき》は「落ちる」といい、牡丹《ぼたん》は「くずれる」と表現し、朝顔は「しぼむ」といい、萩《はぎ》は「こぼれる」という。「花が散る」ということを語るのに、これだけの言葉を使いわける国はあまりなかろう。恵まれた日本の風土につちかわれた日本人のこまやかな感性が生み出した日本語の美しさと豊かさであろう。その美しい日本語が次第に死語になりつつあることは残念でならない。

われわれは「ものを考える」とき、必ず「言葉」で考えている。自分の持っている「言葉」が貧しいということは、自分の生きている世界が貧しいということになる。

日本の美しい言葉を大切にすると同時に、学びを深めることにより、人生をより深く、豊かに生きたいと思うことである。

「修すれば証、その中にあり」「修のほかに証をまつ思いなかれ」

道元禅師

「西国巡礼をこの足で踏破してみせる、と意気込んで出かけましたが、やがて疲れ果てて、そんな思いは吹っとんでしまいました。ただ指示される方に向かって、もう一歩、もう一歩と足を前へ出しさえすれば、目的地は向こうから近づいてくれる、ということに気づかせてもらいました」

ある日乗ったタクシーの運転手が語りかけてきた言葉である。

結果（証）を求めず、ただひたすら一歩を前へ出し（修）さえすれば、おのずから体も一歩前へ進み（証）、目的地は近づいてくる。

沢木興道老師は「夫婦ゲンカをしようと思ったら、まず合掌してから始めよ」と語られた。無理をしてでも合掌をすればただちに合掌の世界が開く。目を怒らしこぶしを振りあげれば即座に修羅の世界が展開する。結果（証）をまたず、とにかく合掌を、ほほえみを、愛の言葉を実行（修）すれば、ただちにあたたかい世界（証）が広がろう。

木の葉一枚でも、月をかくすに充分《じゅうぶん》

小林秀雄

十五歳の春、理想に燃えて出家し修行道場に入門した。不完全な人間のつくる社会に特別の処《ところ》のあるはずがないのに、指導者も修行僧も最高に理想的な人が集まっている処と決めこんで入堂した。その日から絶望するばかり。こんなことなら出家して入堂するんじゃなかったと悩み続けた。そんなある日、ふと気がついた。周囲はどうでもいいじゃないか、釈尊の仏法のすばらしさに変わりはない、ひたすらに釈尊を見つめ、その光をわが足もとに照らし返して生きればいいと。そう気づいたとき、ストンと荷物が落ち、以後ガタガタすることなく今に到《いた》っている。

小林秀雄が「木の葉一枚でも、月をかくすに充分」と語っているが、木の葉一枚でも眼に近づければ、月どころかすべてが見えなくなってしまう。遠く離して全体を展望することを、些細《ささい》なことに心を奪われず肝心な一点をおさえることを、忘れないようにせねばと思うことである。

泥多ければ仏大なり

碧巌録《へきがんろく》

理想に燃えて入堂してくる修行僧に私は語る。条件次第では鬼も仏も出す材料のすべてを持ち合わせている凡夫のつくりなす社会に、特別のところのあるはずがない。事と次第では私の中からも、自分でも眼をおおいたくなるような泥が吹き出す。それをしっかり見すえよ。それが仏道の学びの基本であることを忘れるな、と。

釈尊や歴代の祖師方が生涯かけて、更には二千五百年の長きにわたり説きつづけられたということは、それほどに泥は果てしないものであるということ。泥がなかったら、迷いや苦悩がなかったら、教えを説く必要はない。健康な者に医者も薬もいらないように。

泥ゆえに説かれた教え。教えを学んでいたら教えの背景となった泥が見え、泥を見ていたらそれゆえに説かれた教えが見えてくる。そういただくことができたら、いつどこにあっても教えのど真ん中と喜ばしていただけるのである。

百人の子供を百人とも勉強嫌いにするたった一つの方法は、朝から晩まで「勉強しろ」とがなり立てることだ。

東井義雄

私の育った信州の寺は、蚕も畑もやるという自給自足の寺で、私に与えられた勉強時間は、学校へ五キロ余り歩いて通う往復の時間だけであった。それもぎりぎりまで手伝って出るから走りながらの勉強であった。期末試験が一週間ある真ん中の一日の休みは勉強のためなのだが、この日も一日中畑仕事をする。仕事が嫌ではないが勉強の時間がなくて泣くほど悲しかった。ポケットに単語帳をひそませ、単語を暗記しながら草をとる。そんな私に師匠は言った。

「勉強しろ勉強しろと言われると、勉強する気がなくなるものだ。勉強する時間がないと思うと、与えられた仕事を能率よくやり、時間を盗むようにして作り出し、その時間を密度高く使うものだ」と。

後に東井《とうい》先生の「子供と一緒に仕事をすることで、生きていくということを、体で解《わか》らせることのほうが大切」という言葉に出会い、師の許《もと》で育った幸せを思ったことである。

他は是れ吾に非らず

道元禅師

道元禅師は二十四歳で、さらに道を求めて入宋された。天童山での修行のある日、炎天下で滝のように流れる汗をぬぐおうともせず、曲がった腰を杖で支えながら椎茸を干している老典座《てんぞ》（台所を務める役の人）に会う。

道元さまは思わず「何も年老いた貴僧ご自身がなさらなくても、若い者か下働きの者にさせてはいかがですか」と語りかける。

老典座の口から「他は是《こ》れ吾《われ》に非《あ》らず」の一言が返ってきて、道元さまはハッとされる。他人にやらせたら、その人の修行にはなっても私の修行にはならない。私の修行は私がせねばならない、というのである。

われわれはとかく、苦労の多いことは他人にやらせ、楽なほうへまわろうとする。楽なほうへまわった分だけ、徳を損じたのだと気づかねばならないのだが。

ゴミとして　捨てられたんですって

杉浦祖玄

久々に永平寺名古屋別院を訪ねた。十五歳でこの道に入った最初にご指導をいただいた、大洞良雲《おおぼらりょううん》老師ゆかりの寺である。老師は良寛さまの筆法を伝えるという名筆家であったが、生涯、日記も祖録参究の手控えも、すべて反故《ほご》の活用で新しい紙は使われなかった。

ある日、汽車の三等車（当時、三等車まであった）のごった返す中にようやく割りこんで乗ったところ、目の前に老僧がうずくまり、膝に荷物をかかえておられる。よくよく見ると大洞老師。驚いて「まあ老師さま、こんな混雑の中で」と思わず声をおかけすると、淡々と「お荷物として運んでくださりゃ結構です」の答が返ってきた。グリーン車にお乗りになるべき老師のこの謙虚なお姿に、私は思わず合掌してひきさがった。

私が生涯、小さな紙を捨てられず、講義の手控えもすべて反故の活用ですましているのも、老師の生き見本のおかげと感謝している。

海中に竜門という処《ところ》ありて洪波《こうは》しきりに立つなり。
諸《もろもろ》の魚ども彼《か》の処を過ぎぬれば必ず竜となるなり。

道元禅師

中国の黄河上流の竜門県に三級の滝があり、その急流を登り得た鯉《こい》は竜となって昇天するという故事が伝わっている。立身出世の関門を意味する登竜門という言葉もここから出た。

道元禅師はこの言葉のあとに、「ちょうどそのように、修行道場に入り多くの修行僧と生活を共にしていれば、おのずから仏となり祖師となることができる」と示しておられる。よき環境、よき仲間たちの中に身をおけば、おのずからよくなるというのである。

樹海を泳ぐ鯉のぼりの雄姿を見ていると、子らの明日の人生が精神的な深さにおいて、豊かなれ、幸あれと祈らないではおれない。

どんなこともチャンス！　と受け止めていこう。

八ツ塚　実

「息子が入試に失敗し、落ち込んで立ちあがれない」とK君の母親が伝えてきた。私はK君に語りかけた。「K君ね、私は、あなたが優秀すぎるので心配していたのよ。あなたはいつもトップでなければおさまらないでしょう？」と尋ねると、K君は「うん」とうなずいた。私は言葉をつづけた。

「それは決していいことではないのよ。さいわい今回失敗した。そこからなかなか立ちあがれない自分を、よくよく見つめるんだね。どんなに努力しても低空飛行しかできない人もいる。どんなに努力しても失敗を繰り返すばかりという人もいる。トップを走る人間になるよりも、そういう人の悲しみのわかる人間になることのほうが大切なことなんだよ。幸いに失敗したことをチャンスとして、その悲しみを、悔しさをしっかりと受けとめ、人間として成長するバネとしていきましょうね」と。

時間の使い方は命の使い方です。世に雑用というものはありません。用を雑にした時に、雑用が生まれるのです。

元ノートルダム清心女子大学長・渡辺和子

渡辺先生は若き日、アメリカの修練院で配膳係をしていた。「何とつまらない仕事」と思いながら。その時、背後から修練長の厳しい声。「あなたは何を考えながら皿を並べていますか。同じ皿を並べるなら、やがてそこに座る人の幸せを祈りながら置いてはどうですか」と。

ロボットでもするような仕事をしていたのでは時間がもったいない。「つまらない」と思いながら仕事をしたら、つまらない時間を過ごしたことになり、幸せを祈りながら仕事をしたら、祈りと愛のこもった時間になる。「その祈りが、やがてそこに座る方にとどくかとどかないかはどうでもよろしい。時間の使い方は、そのまま、いのちの使い方」と語られる。

道元禅師が「俗事などというものはない。すべて仏事であるが、それに立ち向かう人の心一つで俗事におとしてしまう」と示されたお心と、全く一つであることに感動したことであった。

不機嫌な顔をして歩いているだけで、環境破壊もはなはだしい。ダイオキシンをふりまいているようなものでは。

元ノートルダム清心女子大学長・渡辺和子

「大学の門のところで一人の雲水姿の老僧とすれ違いました。その方の周辺には深い静寂がありました。静けさが歩いている、そんな感じでした。オッ、何者か？　と私は思わず立ち止まりました。その方が沢木興道老師でした」

某寺の講演に行った時の、ご住職の述懐が忘れられない。一瞬のうちに深い静寂を感得される感性のすばらしさにも脱帽である。一日二十四時間、一年三百六十五日、そして三十年、五十年をどう生きたか、その集積が一点のごまかしもなく人格を形成してゆく。

その人の人生が幸せであったか不幸であったかということとは関係ない。恵まれすぎて足ることを知らず、不平いっぱいで生きる人もいよう。不幸の連続を肥料と転じて、深く豊かな人生へと花咲かせる人もいよう。毎日、毎時間を大切に生きることで、接する人に安らぎやぬくもりを配達できる人間になれたらと切に思うことである。

夏

所有《わがもの》というものなくとも、こころたのしく住まんかな。
光音《こうおん》とよぶ天人のごとく、喜悦《よろこび》を食物《かて》とするものと、ならんかな。

法句経《ほっくきょう》

「私は一本のローソクです。もえつきてしまうまでに、なにか一ついいことがしたい。人の心によろこびの灯をともしてから死にたい」

これは障害をもつ中学生の詩だという。

ことしの夏、子供禅の集いというのをした。そのときこの詩を紹介し、「立派な人というのは、勉強ができる人とか、金持ちや有名人になることではなく、この少年のように、一つでもよいことをして死んでいきたいと願うことのできる人、人の心によろこびの灯をともすことを、わがよろこびとすることができる人のことをいう」と語ったことであった。

さんしょうばら

人びとは　憎しみあい　殺しあった。
大地は　これを恥じて　みどりの草を　もつて　これを覆った。

タゴール

今夏（二〇〇五年）は原爆投下六十年というので、八月上旬のマスコミ界は原爆にかかわる話題に終始し、世事にうとい私の耳にも入ってきた。原爆を投下したB29のパイロットと被爆者との対談の中で、パイロットが「絶対にあやまらない。日本は宣戦布告もしないうちに、真珠湾攻撃をしたではないか……」と語ったことなど。

これらの話を聞きながら私は釈尊の言葉を思った。「まことと怨《うら》みごころは、いかなるすべを持つとも、怨みを懐《いだ》くその日まで、ひとの世にはやみがたし。怨みなさによりてのみ、怨みはついに消ゆるべし。こは易《かわ》らざる真理《まこと》なり」。

来日したタゴールを、ある人が富士の裾野《すその》の曽我兄弟の墓へ案内し、仇討ちの美談をたたえる詩をたのんだ。悲痛な面持ちでタゴールは、この詩を書いた。

自分は自分の主人公、世界でただ一人の　自分を創っていく責任者　少々つらいことがあったからといって　ヤケなんかおこすまい（後略）

東井義雄

すべての人は一日二十四時間、一年三百六十五日という時間という財産を、全く平等にいただいている。その一日二十四時間という財産を、二、三時間という中味《なかみ》の薄さで使うか、三十時間、四十時間という中味の濃さで生きるか、または闇で埋めてゆくか、光で埋めてゆくかで、人生は大きく変わる。

ある方の話を聞いた。肺結核で死をまつばかりという状態のある日、お便所へゆく途中、コンクリートに昨日までなかったヒビ割れが出来ており、筍《たけのこ》が小さい芽をのぞかせていることに気がついた。

やわらかい筍の芽がコンクリートを割ってまで伸びようとする生命力に感動し、同じ生命力をいただいている自分に気づき、立ちあがり、結核もなおり、むしろその転機が人生観を大きく変え、名校長として数々の業績を残された。

大切なことはいかなることも受けとめ方一つで、人生も人格も大きく変えてゆけるということを忘れまい。

「お前、それしか誇りが持てねえのか！　もっとすごいものを持っているだろうに！」

八ツ塚　実

これは派手な靴下をはいたり、髪をおかしな格好にしている子供たちに語りかけた、ある日の八ツ塚先生の言葉である。

何に生命《いのち》を燃やしてよいのか分からず、おかしな格好や行為で人目を引くことに生き甲斐《がい》を感ずる……。そんなところに子供たちを追い込んでしまったのは、他でもない大人の責任である。

地球上に生命が誕生して三十数億年。つまり人は皆、三十数億年の生命の歩みの総決算の今を生きているのである。時間ばかりではない。空間的には地上の一切のものの恩恵を受け、さらには太陽系、銀河系、惑星相互の引力のバランスに至るまで、天地いっぱいの働きをこの一身にいただいて、今の一瞬を生き得ているのである。そういう生命の尊さに気づかせることこそ、急務中の急務といえよう。

さるすべり

茶の湯さびたるはよし、さばしたるは悪《あ》しき。

片桐石州

ある陶芸の作品展にいった。作家のK氏が控え目に語ってくれた。

「陶器は火を止めて一週間そのままにしておいて窯出《かまだ》しをします。祈る思いで焚《た》き、祈る思いで一週間を待ちます。その間に火の洗礼を受けて釉薬《ゆうやく》が窯変《ようへん》する。その味わいが絶妙なんですな。ですから私は『作品は生むのではなく生まれる』といっています」

K氏はさらに言葉をつづけた。

「壺《つぼ》や皿は、料理や花の引き立て役であって主人公ではない。脇役に徹し、自己主張してはならない。この本命を忘れてはならないと思います」と。

私の技で創《つく》り出すという驕《おご》りではなく「授かりもの」といただき、しかも、ひき立て役に徹するというK氏の謙虚な姿に心打たれつつ、芭蕉の「句作になるとするとあり」の言葉や、石州の「さぶ」と「さばす」の誡《いまし》めを弟子たちと語ったことであった。

行道《ぎょうどう》の未《いま》だしきことのみを思うべし。

道元禅師

中国・唐代の禅の巨匠、洞山大師《とうざんだいし》が雲水に質《たず》ねられた。「何が一番苦しいことか」と。雲水は答えた「地獄の苦しみです」と。

洞山大師は「いや、そうではない。人と生まれながら生命の尊さに気づかず、今ここの一歩をどう踏み出したらよいか、今この一息をどう生きたらよいかがわからないことこそ、苦とすべきことだ」と誡《いまし》められたという。

「行道の未だしきことのみを思うべし」と示された道元禅師のお心も同じであろう。人として生きるべき道を求め、会得し、一歩一歩、実践して初めて生命は輝きを見せるというものであろう。

どうでもよいことにふりまわされ、悩んでいなかったか。悩むべきこと、苦とすべきことは何であったかと、限りなく自らに問いつづけてゆきたい。

偽《にせ》になったら　もうええだ　中々偽になれんでのう
妙好人　因幡の源左

「五劫思惟《ごごうしゆい》の本願《ほんがん》というも、兆載永劫《ちょうさいえいごう》の修行というも……しみじみと偽坊主の罪深し」

これは愛の教育に生涯をかけた東井義雄先生が、病身のお父さんにかわって檀家のお経にまわった時、日記に書きつけた言葉だという。お経を読みつつも、お経の言葉を信ぜず、実行もできない自分が、お経の言葉に照らし出され、胸がキリキリ痛むというのである。

妙好人《みょうこうにん》の因幡《いなば》の源左《げんざ》さんは、自分の肖像画に「これは私のと違う。私の頭には角がある」といって、角を書きこんでもらったという逸話が伝えられている。

本物でありたいと願えども願えども、真実の光に出会うほど、照らされるほど、偽物でしかない自分に気づかせていただける。そこに懺悔《さんげ》と感謝と誓願が生まれる。ありがたいことである。

ひよどりじょうご

迷いも悟りも、べーと一目で見る

西有穆山

ある商家に豪華なドレスを着た貴婦人が訪ねてきて、「私は福徳を授ける吉祥天です」という。商家の主人は大喜びで招き入れた。ところが彼女と一緒にみすぼらしい女性が入ろうとした。「災厄を起こす貧乏神の黒闇天《こくあんてん》だ」という。

主人は彼女を追い払った。彼女いわく「吉祥天と私は姉妹。いつも一緒にいることになっています。私を追い出すと吉祥天も出てゆくことになるけれど、いいですか？」と。主人はしばらく考えた末、「二人とも出ていってくれ！」。二人は肩を並べて出ていった……。（涅槃経《ねはんぎょう》）

西有穆山《にしありぼくざん》禅師は「迷いも悟りもべーと一目《いちもく》で見る」と語り、道元禅師は「四運を一景に競う」と示された。生老病死、愛憎や損得、どんなことも追ったり逃げたりせず、一目に見、さらに一歩進め、景色と楽しんでいけたらいいなと思う。

参学眼力《さんがくがんりき》のおよぶばかりを、見取《けんしゅ》・会取《えしゅ》するなり。

道元禅師

　太田久紀先生は釈尊が病苦に堪えながら歩まれた涅槃《ねはん》の道を、ご自分も裸足になり、涙しながら歩まれたという。先生の眼には、慈父とも慕う釈尊のお姿がありありと見え、そのお声や息づかいが聞こえ、足の裏には釈尊のぬくもりまでも感じておられたに違いない。

　先生のお心の中に、釈尊がゆたかに生きておられるから見え、聞こえるのである。同じ道を歩いていても釈尊を全く知らない者にとっては、単なる原野にすぎないものを。

　道元禅師は示される。「今までの学びの浅深や経験の範囲内でしか受けとめることはできないんだよ。持ちあわせている目線の高さ、受け皿の大きさしか、見ることも、考えることもできないんだよ」と。限りなく学び、深まらせていただきたいものと思うことである。

夏は涼しく、冬あたたかに、茶は服のよきように

千利休

「茶の極意をうけたまわりたい」との問いに答えた利休の言葉がこれである。「そんなことは三歳の子供でも知っている」と不服気に言う問者に対し、利休は「今ここで実践してみせてくれ。そうしたら私はあなたの弟子になりましょう」と言ったという逸話が伝えられている。

知っているということと、実践できるということの間には、大きなへだたりがある。「知っている」という段階に止まっていたら、良い言葉に酔い、あるいは知っているという高慢な心がしのびこむ。

言葉は生演奏のための楽譜。具体的生活の中で実践してこそ生命が与えられる。しかし、いざ実践となると、一句も実践できない自分に気づく。教えに照らされることで、実践できない自分に気づくことができたことへの感謝の中で、限りなく軌道修正をしながら歩ませていただこう。そういう誓願の毎日でありたい。

しゃくやく

なあに、大したことはないんじゃ。

沢木興道

死の病にとりつかれ、七転八倒している女性に、某禅師が呵々大笑《かかたいしょう》していわれた。「あんた一人ぐらい死んでも、世の中、何ともないわい」と。自分で自分を縛っていた縄がストンと切れて楽になり、病からも立ちあがることができたという。

「しみったれた顔して、やれ金がないとか食えぬとか」といっている人に、沢木興道《さわきこうどう》老師は語られた。「一文無しでも笑うことがある。億万長者でも泣くことがある。なあに、大したことはないんじゃ」と。

入試に落ちて泣きべそをかいている若者に「おれより優秀な人間がたくさんいて、日本は安泰じゃと喜べ」と語り、商売にいきづまり借金に苦しんでいる人に「なあに、人生のゲームと思えばよい」と、内山興正《うちやまこうしょう》老師は語られた。

いきづまったとき、頭へカッときたとき、「なあに、大したことはない」と、カラカラと笑いとばしてみよう。

わがまへにて申しにくくば、かげにてなりとも　わがわろきことを申されよ。聞きて心中をなほすべきよし申され候。

蓮如上人御一代記聞書

道元禅師は「面と向かって慈《いつく》しみの言葉をかけられるとうれしく、かげで自分への愛の言葉を語ったのを伝え聞くと、肝に銘じ、心もふるい立つものだ」と示しておられる。面と向かっては、とかくお上手やへつらいの心がしのびこむが、かげでは本心が吐露されるからである。

反対にかげで悪口を言われたのを伝え聞くとつらく、親切心があったら直接言ってくれればよいのに、と思う。しかし人間はわがままなもので、お上手やへつらいと分かっていても、ほめられるのはうれしく、苦言は面白くない。

蓮如上人はすばらしい。「直接言いにくかったら、かげでも私の悪いところを語ってくれ。伝え聞いて直したいから」と語られたという。ほめられるたび、けなされるたびに思いおこす言葉である。

身肉手足を断つことは易《やす》きことなり。よりくることに心品《しんぽん》をととのうるは、難きなり

道元禅師

「しゅぎょう」には「修業」と「修行」がある。「修業」は「なりわい」や芸事のときに使い、一応の卒業もある。「修行」は人生の生き方であり、これには卒業はなく、むしろ深まるほどに足りない自分に気づくというものであろう。

「修行」にも二つのあり方があり、千日回峰行というように、また修験道の方のする火渡りのように、一定の期間を区切り、あるいは特殊なことに限定しての修行が、そのひとつである。

道元禅師はそういう特殊な修行を否定され、お便所の用の足し方から洗面の仕方や水一滴の使い方まで、一日二十四時間、一生という姿勢で、いかなることも、わが人生の歩みとして大切に勤めてゆくことの方がはるかに難しく、しかもそのことの方が大切だ、と示される。

川にそって岸がある　私にそって本願がある　川のための岸　私のための本願。

東井義雄

東井先生は浄土真宗の信心に徹した方であったから、無辺際《むへんざい》の仏の慈悲の働きを「本願」という言葉で語られた。川の流れに沿って岸があるのである。岸に沿って流れよ、というのではない。いかなる流れであろうと、流れによりそって岸がある。

そのように流転かぎりない私にそっとよりそって、仏の御慈悲があるのである。「私についてこい」というのではない。仏の方が、どこどこまでも見捨てずに、私についてきてくださっているのである。

われわれは気軽に「相手の目線にあわせて」とか、「相手の身になって」という言葉を口にする。しかし実際は相手の身になっているつもりでいるだけであって、自分の持ちあわせの寸法からほとんど出ていない自分に気づくほどに、仏の慈悲の深さ、広大さを思うことである。

仏法とは、此方《こちら》の目や耳や頭を変えるということじゃ。

沢木興道

昭憲皇太后《しょうけんこうたいごう》に奉仕した税所敦子《さいしょあつこ》さんは才色兼備で、歌人でもあった。姑《しゅうとめ》は敦子さんに辛《つら》くあたり、「『鬼婆《おにばば》なりと人はいうなり』という下の句を作ったので、上の句をつけてくれ」といってきた。敦子さんは即座に「仏にもまさる心を知らずして」と上の句をつけたという。

沢木老師は幼にして両親や、預けられた叔父を失い、最後に遊郭街《ゆうかくがい》の沢木家へもらわれた。ある日、廓《くるわ》遊びをしながら死んだ男の姿を見て、「いつなんどきお迎えがくるかわからん。内緒ごとはできんわい」と悟られ、「両親や叔父が相ついで死んでも目がさめない私のために、菩薩《ぼさつ》がこのような活劇を見せてくれた」と悟り、出家された。

鬼婆を仏と拝み、廓通いをしながら死んだ男を菩薩と拝む。まさに受けとめ側の目や耳や頭を変えるということが頷《うなず》ける。

くずかごさまは　なんでも受け入れてくださる。
かみくずをも　ふと犯せし　私のアヤマチをも　だまって摂取したもう。

榎本栄一

「寺というところは、背負いきれぬ心のお荷物をおろして安らぐところ、いつの間にかたまった心の塵芥《ちりあくた》を捨ててゆくところです。その塵芥を、仏法という火で燃焼させて、生きる生命のエネルギーと変えるところです。そのお手伝いをするお役をちょうだいしたお互い、笑顔をたやさず、一言の挨拶《あいさつ》も真心をこめてするように」

これは百余名の参禅者を迎えて禅の集いを開くに当たり雲水たちに語った私の言葉である。

榎本さんのたたえる「くずかごさま」は、怒り腹立っているときも、悲しみに七転八倒しているときも、驕《おご》りたかぶっているときも、いかなる状態にあろうと、無条件に受け入れてくださる無辺際の仏の慈悲を、また、いかなるものも余さずつつみたもう大いなる天地の働きをうたいあげたものであろう。

この源左は　一《い》っち悪いで　仕合せだがやぁ。

妙好人　因幡の源左

「老師さま、大変結構なお話をありがとうございました。さぞかし嫁は耳が痛かったろうと思います」と礼を言って、姑《しゅうとめ》は出ていった。入れかわりに茶を持って来た嫁が礼を言いつつ、「さぞかしお姑《かあ》さんは耳が痛かったろうと思います」と言った。これはある日の沢木興道老師のお話。

教えを聞くということは、聞くほどに聞こえていない、聞く耳のない自分に気づくことであり、教えの光に照らされて、わが非に気づくことである。そこには限りない謙虚な姿がある。

間違いなく教えを聞き、実践しようと願うのと、間違いなく聞き、実践していると思うのとは違う。私は間違いなく教えを聞き、実践していると思ったら、傲《おご》りであり、その傲りは他を非難する刃《やいば》となる。

教えを、仏法を、他の非を責める刃としてはならない。

すべての理論は灰色で、緑なのは、生の黄金の樹だけだ。

ゲーテ『ファウスト』(相良守峯訳)

料理の献立や調理法をどんなに眺めていても、腹はふくれない。E家のおばあちゃんは献立表もカロリー計算もできないが料理は上手で、訪ねるたびに心こもる手料理に、腹も心も満たされて帰ってくる。ゲーテのいう通り、「理論は灰色で、緑なのは生の黄金」の料理だけだ。

しかしこのゲーテの言葉に太田久紀《きゅうき》師は「緑の生を灰色の理によって組織的にとらえ、その灰色の理によって緑の生を蘇《よみがえ》らせる」といいそえておられる。

味自慢の料理屋の夫妻と、旅先で食事を一緒にしたことがある。料理はもちろん、出し汁やかけ醤油《じょうゆ》に至るまで、きめこまかく味わい分けている姿に感動し、この人たちの十分の一も味わい得ていない自分を恥じたことであった。灰色の理論を知悉《ちしつ》していればこそ、料理を深く味わうことができるのである。

人もし生くること　百年《ももとせ》ならんとも　おこたりにふけり　はげみ少なければ
かたき精進《はげみ》に　ふるいたつものの　一日生くるにも　およばざるなり

法句経

平均年齢が年々数字をのばし「後期高齢者」という呼称への可否が話題をにぎわしている今日、「うかうかと百年生きるより、道を求めて精進する一日のほうがすばらしい」の釈尊のお言葉に耳を傾けたい。

道元禅師も「見たい、聞きたい、食べたい、惜しい、欲しいの諸欲が主人公の座に坐《すわ》り、その欲を満足させるために、この私が奴隷となって走りまわり、空しく生きる百歳の月日より、私が主人公となり、欲をあるべき方向へ、道の方向へと手綱さばきをし、道に目覚め、道にしたがって生きる一日のほうが、はるかに尊い」（意訳）と示されている。時間の長さより中味を問えというのである。

勅題「生」によせて　俊董《しゅんどう》

どれだけを生きたかよりも　どう生きたかを
みずからに　問えと　師はのたまいし

いかにして　まことの道に　かなわなん
千歳《ちとせ》のなかの一日《ひとひ》なりとも
良寛

「よく生きよう」と願うのと、「よく生きたい」と思うのとは違う。限りなく「よく生きたい」という願い、つまり誓願を持ちつづけなければならない。しかし「私はよく生きている」ともし思ったら、それはうぬぼれのほかの何ものでもない。そのうぬぼれは、一つまちがうと、他を非難する刃《やいば》と変わる。

沢木興道老師がつねづね「正気になればなるほど、自分のお粗末がようわかる」とおっしゃっていたことや、徹底して捨て果てて清貧に徹して生きられた良寛さまに、このお歌があることを肝に銘じておきたい。

しかし、「よくない自分」「道にかなわない自分」「お粗末な自分」に気づくためには、限りなく正しい人生の師につき、教えを聞き、教えに照らされないと、見えず、気づけないものであることも忘れまい。

そやけんどな　ええとこ　もっとるぜ

元東大寺長老・清水公照

　茶花の稽古《けいこ》のおり、窓の小さな一重切《いちじゅうぎり》の竹花入れに、まっすぐにのびた黒蝋梅《くろろうばい》が入れてあり、いかにもきゅうくつそうで、花入れとも調和しない。花台《かだい》にひどく曲がった枝が残っていたのでそれと入れかえ、根もとに姫泰山木《ひめたいさんぼく》の花を添えたら、みごとにおさまり、見ていた生徒から拍手があがった。私は言った。

「曲がっているからいいのね。人間も『曲がっているからいい』と、曲がりを長所として生きられるといいね」と。

　釈尊《しゃくそん》の弟子に十大弟子と呼ばれる方々がいる。智慧《ちえ》第一舎利弗《しゃりほっ》尊者《そんじゃ》、神通《じんずう》第一目連《もくれん》尊者というように。おそらく釈尊はすべての弟子の長所を嘉《よみ》せられていたのではなかろうか。

　お互いの長所を見つけ出しあい、更には欠点も長所と転じ、いきいきと生命を輝かせて生きたいものである。

楽しいから笑うのではない。笑うから楽しいのだ。

ウィリアム・ジェームズ（アメリカの実践心理学者）

「拳(こぶし)をふりあげて相手に殴りかかりたいとき、怒りや愚痴をぶっつけてゆきたいとき、深呼吸をして腹に力を入れ、ニコッと笑うことにしております」。これは正司歌江さんの言葉。

無理してでも笑顔をつくり、笑い声を立てて笑ってみる。不思議に自分も楽しくなり、周囲も楽しくする。池に石を投げると波紋が池全体に広がるように。反対に怒りをぶちまけたり暗い顔をしていると、自分ばかりでなく周囲も暗くする。

道元禅師も「行《ぎょう》じがたきを行ずれば、自然に増進するなり」と示しておられる。ほっておいて笑顔や愛語が出るのではない。無理をしてでも笑顔を、そして愛語を語るようにすれば、笑顔が笑顔を呼びおこし、愛語が愛語をめざめさせ、周囲を、ひいては世界を明るく変えてゆくことができるというのである。

まさに童男《どうなん》・童女《どうにょ》の身をもって得度すべきものには、すなわち童男・童女の身を現じて為《ため》に説法す

観音経

新潟の某寺で、博多の仙厓《せんがい》の画風を思わせるような磯野霊山《いそのれいざん》の絵に出会い、霊山が画家を志した動機を聞いて感動した。

霊山が中学のころ、海岸へ行った。砂浜を子供の手をひいたお父さんが歩いている。子供は糸の先に蟹《かに》をつけて曳《ひ》いている。蟹の歩みにあわせて子供が歩み、その子供の歩みにあわせてお父さんが歩いている。この情愛を絵を通して伝えたいと画家を志したという。

観音三十三札所巡りというのがある。三十三というのは無限大ということである。その慈悲のゆえに、子供には子供の姿となり、病人には病人の姿となり、百人に百様の姿を現じ、悲しみや喜びを共にしながらお救いくださる仏の限りない慈悲を象徴したものである。縁あるすべての人にそのような心の運びができたらと思うのであるが……。

岩もあり木の根もあれどさらさらと　ただ{さらさらと水の流るる

甲斐和里子

入試に失敗して落ちこんでいる青年に語った。

「昔から『失敗が人間を駄目にするのではなく、失敗にこだわる心が人間を駄目にする』といわれているように、入試に失敗したことが恥ずかしいんじゃなくて、それにこだわって立ちあがれないことこそが恥ずかしいことなのよ。むしろ失敗したことを跳躍台とし、より強くより高く立ちあがることができればすばらしい。落ちることにより、落ちた人の悲しみがわかる人間になれればもっとすばらしい。さいわいに合格しても驕《おご》らず、失敗しても落ちこまない、合格、不合格にガタガタしない人間になれればもっとすばらしい。入試を通して人間としての学びを深めることね」と。

岩や木の根にこだわりなく水がさらさらと流れるように、一歩進めて、岩や木の根が谷川の景色を一層ゆたかにしてくれていると、たのしんで生きたい。

粗《そあら》なることばをなすなかれ。言われたるもの　また汝《なんじ》にかえさん。いかりに出づることばは　げに苦しみなり。返杖《しかえし》　かならず汝の身にいたらん。法句経

「水はつかめません　水はすくうのです　ゆびをぴったりつけて　そうっと大切に。水はつかめません　水はつつむのです　ふたつの手のなかに　そうっと大切に。水のこころも　人のこころも。」

これは高田敏子さんの「水のこころ」と題する詩である。

朝露にぬれて咲く朝顔の花を、花びらや葉を傷つけないようにそっと切りとり、青竹の花入れに入れる。手あらに扱って破れてしまった花びらをつくろうすべはないのだから。

水は指先でつかんだり握ったりするとこぼれ落ちてしまい、こぼれてしまった水はふたたびすくうことができないように、心ない一言で傷ついた心の痛みを癒やす薬もないのだから。五本の指をぴったりつけ、両手のたなごころという愛の手の中にそっとつつむように、すべての人やことを受け入れていきたい。

小さなことでいいのです　あなたのむねのともしびを　相手の人にうつしておやり

坂村真民

　十五歳の春、頭を剃って修行道場に入堂した私。夏休み、自坊に帰るべく市電に乗った。終戦後まだ日の浅い市電は混雑をきわめていた。名古屋駅で降りるとき、財布が見つからず困っていると、一人の方が自分の回数券を一枚切りとり、「どうぞ」といってくださった。お礼の言葉もそこそこに道路に降り立った私を残して、市電は風のように走り去った。どこのどなたかお顔も名前も全く分からないが、回数券の一枚を私の手に持たせてくださったその手のぬくもりと、「どうぞ」の一声は、六十年余り経《た》った今も、私の心にたしかなものとして生き続けている。

　ことは回数券一枚。しかしその一枚に托《たく》された温かい心は、限りなく大きなともしびとなって私の心を支えつづけてくれている。小さなことを大切にしたいと思うことである。

まぶしそうに、顔の上に手をかざしたあの人は、
今、自分が手を動かしたのを知っているだろうか。

星野富弘

体育の教師であった星野さんは、事故のため首から下の自由のすべてを失った。その星野さんが、口に筆をくわえて描いた絵や詩を読んでいると、手足の自由を失ったからこそ気づく世界、車椅子でしか移動できないからこそ聞こえてくる花の声や、目線の違いのゆえにこそ見えてくる世界のあることに気づく。

自由に手足が動くために、見えず聞こえず、すべて当たり前と受けとめ、不平さえも言っている貧しい自分に気づかせていただくことができる。

病むこと、失ったことにのみ心をうばわれて、病むこと、失うことを通して、失ったもの以上に「気づけよ」と準備されたすばらしい仏よりの贈り物を、見落としてはならない。病むこと、失うことを通してのみ気づく、深く豊かな世界のあることを忘れまい。

この秋は　雨か嵐かしらねども　今日のつとめに　田草とるなり　二宮尊徳

どんなに人事を尽くして育てても、大雨か台風で駄目になるかもしれない。結果は問わず、今なすべきことをただひたすらにやるのみ、というのである。

太田久紀先生は「仏教は因果論というけれど、われわれが発言権を持っているのは因だけ。果に発言権はない。よき師のおおせのもと、限りなくよき因を積みつづけるのみ」と語られた。

道元禅師はこの「因果」を「修証」という言葉におきかえられ、「修のほかに証をまつことなかれ」と示された。

この因と果、修と証を、もっと身近なわかりやすい問題としてとりあげてみてはどうか。たとえば一歩足を前へ出しさえすれば（因・修）、自然に体も前へ出る（果・証）。だから足を一歩前へ出すことだけを考えてゆこうというように。

何事も成せばなるてふ言の葉を　胸にきざみて生きて来し我れ

大石順教尼

明治三十八年八月、大阪堀江の遊郭、山梅楼の主人、中川万次郎は、妻の浮気に逆上して芸妓《げいぎ》六人を切り捨てた。両手を失ったが奇跡的に命をとりとめることができた妻吉は、以後三遊亭金馬の一座に身を投じ、旅芸人としての生活が始まる。

青葉城下の仙台の宿で、一つがいのカナリヤに出合う。手もなく、羽があっても飛べない籠の中で、カナリヤは楽しげにさえずり、雛《ひな》をだき、口でやしなっている。

「私にも口がある」と思い立ち、口に筆をくわえての死にもの狂いの勉強を始める。後に出家して大石順教尼となり、口で描かれた書画はミュンヘンにまで出品された。

「両手あって何が書けない。本気の心の立ちあがりがないだけのことではないか」と、自らに問いかける日々である。（——勅題「立つ」にちなみ）

小出しに頼まず全部頼みなされ。
全部頼むとは全部おまかせじゃ。おまかせできたら楽ですぞ。

余語翠巌

ご祈祷《きとう》の法要の中身を点検すると、凡夫の欲望の一覧表を見る思いがする。病気平癒、良縁満足、商売繁盛、入試合格……。そういう人々に対し余語老師は、「小出しに頼まず全部頼め。全部頼むとは全部おまかせじゃ」とさとされた。

「全部まかせる」とは、凡夫の私が無条件降伏して「どうなっても結構です」というところに腰が据わらねばできることではない。

一人の雲水が「ザルで川の水を汲《く》め」と師に命ぜられ、真っ正直に汲み続ける。何としても汲めない。疲れ果ててザルを投げ出し、自分もヘタヘタと川の中へ座り込んでしまった。ふと気が付いたらザルの中も外も、そして自分も水に満たされていた……。

「おまかせ」とは、自我を御手の只中《ただなか》に投げ込んでゆくということなのである。

草木染の方

若木は話になりません。老木でないといい色は出ません。
若い木にはトゲがあるんですよ。老木になるとトゲがなくなりますがね。

翡翠《ひすい》色の内海とコバルトブルーの外海とに囲まれた石垣島の、ミンサー織の工場を見学し、草木染に使う原木の前でこの説明を聞いた時、私は思わず声を上げそうになった。なるほど、木も無駄に年はとらないのだと、いたずらに齢《よわい》を重ねているわが身を省みる。

さらに、同じ木でも育った環境によって全く違うという話に、子供教育に家庭や地域の環境の大切さを重ねて聞きながら、ふと寄り掛かった木にトゲがあり、思わず「あっ痛」と悲鳴を上げてしまった。

「若い木にトゲがあるんですよ。老木になるとトゲがなくなりますがね」の言葉に、居合わせた者同士思わず顔を見合わせ、「私たちもそんな年の取り方がしたいね」と語り合ったことである。

海の水を辞せざるは同事なり。
さらにしるべし。水の海を辞せざる徳も具足せり。
道元禅師

「同事」とは「事を同じくする」。つまり相手と全く一つになり、相手の悲しみや喜びを自分の悲しみ、喜びと受け止め、共に歩んでゆこうという菩薩《ぼさつ》の誓願を、海や水にたとえて示された。木曽川の水は入れてやるが、大井川の水は嫌だと言わない。どんな水も無条件に受け入れる。無我だから。

同時に川の側にしても、流れ込む海が太平洋であろうと日本海であろうと、その海が浄《きよ》かろうが汚染されていようが、より好みなく流れ込んでいく。無我無心だから。

しぶとい自我という氷を、仏の教えという光に照らすことで、無我なる水へと溶かすことにより、すべてを受け入れる海のような広やかさと、どんな海へも入ってゆける川のような柔軟さを、と願うことであるが。

昆虫を箱の中に入れてみていると、その中で一人前の気でカミアイをしておる。人間も原爆や水爆を造って……。これを宇宙の彼方《かなた》から見たら面白かろう。　沢木興道

「地球は青かった」と語った宇宙飛行士の言葉は有名だ。はるかなる宇宙空間から、美しい水の惑星といわれる母なる地球を、どれほどいとおしい思いで眺めたことであろう。宇宙船地球号という一つの合同船に乗りあわせた兄弟たち。とるにたりない小さなことで国と国が、民族同士が、限りなくいがみあい憎しみあい、殺しあっている。何ということであろうか。

バチカンでは二百年、三百年後の人がどう見るか、つまり歴史の眼をおそれて今を慎むという。歴史の眼、それは神や仏の眼ということができよう。

目前の些細《ささい》なことで見えなくなり、方向を誤ってはならない。冷厳につきはなし、全体的展望のもとに、あるいは何百年という視点から顧みて、今どうであるべきかを考えてゆきたい。

仏さまのモノサシで生きる。

お茶をいただきながら、米沢英雄先生がこんなお話をされた。

「私の孫（幼稚園児）はカラッキシ運動が駄目でしてね。この間の運動会の競争も、一番ビリッコを走っていたそうです。孫の前を走っていた友達がころんだんですって。そしたら孫のやつ、友達が起き上がるのを待っていて、友達が起き上がって走り出すのをたしかめてからまたボツボツ走って、めでたくビリッコになった。それを応援しにいった母親が、とてもうれしいこととして帰って報告してくれましてね」

うれしそうに語って下さった米沢先生のお話を思い出すたびに、私の心もホカホカとあたたかくなる。そして思った。世界一つまらない一番もあろうし、世界一すばらしいビリッコもある。速さだけではない、勝ち負けだけではない。別のモノサシがある。仏さまはどう見るかというモノサシのほうが大切であること。

太平洋　オホーツク海　日本海　東支那海にかこまれた　日本の中の
古河の第一小学校で　ぼくは　今　けんかしている。

小学校六年　須永浩右

雄大なけんかである。けんかしている自分を、地球的視野から見ている、もう一人の醒《さ》めた自分がいる。普通はけんかしている自分さえ見えないからブレーキがかからず、感情の赴くまま、突っ走ってしまうものだが。

感情に流されたり、のぼせあがったり、落ちこんだりする自分を見るためには、そういう自分を、あるいは死にたいというほどに思いつめている苦悩を、客観的に突きはなし、冷静に観察するもう一人の私を育てなければならない。

源平の合戦の最中、若き公達敦盛《きんだちあつもり》の首を掻《か》きかねて涙し、やがて出家した熊谷直実《なおざね》や、源氏に追われて、都落ちし、花の下での仮寝になお歌を思う忠度《ただのり》の雅心《みやびごころ》など、いかなる時も醒めた心を失わなかった古人を思うことである。

自《じ》を見ること他のごとくなるの癡人《ちにん》あり、
他を顧みること自のごとくなるの君子あり。

道元禅師

夏の夜話によく幽霊が登場する。

某寺では七月、聞法《もんぽう》の会の折、寺宝の展示があり、その一つに、恨みつらみのすさまじい目をした、若い女の幽霊の絵がある。

その絵を前にして一人の老母が「ウラ（私）の嫁の目だ」とつぶやき、もう一人の老婆は「ウラ、あんな目で嫁を見ていたかなあ」とつぶやいた。一人は嫁の目と受けとめ、一人は自分の姿と受けとめている。

「もしそこに我々に救いがあるとするならば、提婆達多《だいばだった》こそまことに救われるであろう。提婆達多が救われずば、我々の誰が救われるであろうか」

これは中勘助氏の小説『提婆達多』の結びの言葉である。昔から裏切り者の代表のように語りつがれてきた提婆を、私の姿と受けとめる中勘助氏の澄み切った心に、深い感銘を受けた日のことを忘れない。

「肉眼は他の非が見える。仏眼は自己の非に目覚める」とは川瀬和敬師の言葉。凡夫の目は他人の欠点を見、仏の目をちょうだいできたとき、わが非に気づかせていただけるというのである。わが非に気づくところに争いはない。大いなる光に照らされることにより、わが非に気づかせていただき、限りなく軌道修正をしながら歩んでゆきたい。

秋

今日　空　晴レヌ

柳宗悦《むねよし》

どこまでもどこまでも澄み透《とお》った秋空をあおいでいると、心も晴れやかになる。そのように、その人の顔を見ただけで心たのしくなる人がいる。その人と共にいるだけで心安らかになり、生きてゆく勇気をいただける人がいる。反対に、その人の顔を見ただけで暗くなり、いらだたしくなる人がいる。

人生の旅路は晴れた日ばかりじゃない。雨の日も嵐の日もある。「雨の日には雨の日の生き方がある。むしろ雨が降ってくれたお蔭でこんな生き方ができたというような生き方がしたい」と、雨降り校長と呼ばれた東井義雄先生は子どもたちに語りかけられた。

「拳《こぶし》をふりあげて殴りかかりたい時、怒りをぶっつけていきたい時、腹に力を入れ、深呼吸して、ニコッと笑うことにしました」と語ってくれた人がいる。無理してもカラリと晴れた日のような心と顔でいることが人生を開いてゆく。

鳥鳴いて山更《さら》に幽《ゆう》なり

中国・宋・宏智正覚《わんししょうがく》禅師

苔や松葉のやわらかい感触を足の裏にたのしみながら、春はわらびなどの山菜とりに、秋は茸《きのこ》とりにと、山の好きな師匠のお供をした遠き日のことを、ときおり想い出す。

梢《こずえ》をわたる風のほかは音一つしない深山にあって、ときどき鳥の声が静寂を破る。鳥が鳴き止んだあとの静けさはいっそう深いものとなる。鳥の鳴き声は山の静けさを破るようであるが、そうではなく、静けさをひきたて、静けさの飾りとさえなっていることに気づかせてもらったことである。

かつて尼僧堂の改築に苦労していたとき、ある方に「ご苦労されることで、堂長さまが大きくなられますね」と語りかけられ、「ぜんざいの甘味を増すためには塩が大切」とさとしてくれた先輩の言葉を想い出し、思わず合掌をしたことであった。

露地《ろぢ》（庭）の掃除は、朝の客ならば宵に掃かせ、昼ならば朝、その後は落葉のつもるもそのまま、掃かぬが巧者《こうしゃ》なり。

千利休

利休は、ある茶人に招かれて朝茶に出かけた。夕の嵐に椋《むく》の葉が散りつもり、露地の景色はさながら山林のようで、利休はその趣を大変よろこんだ。中立《なかだち》で露地に出てみると、せっかくの落葉はきれいに掃き清められ、一葉も残っていない。利休はがっかりして相伴《しょうばん》の者に語ったのが、この「掃かぬが巧者」の言葉である。

掃除をしないでよいというのでない。掃除をしつくした上で、その掃除をした跡を消せというのである。学びつくし、修行しつくして、悟りつくして、その跡を消せというのである。

富田左近に露地の作りようを質《たず》ねられた利休は、「樫《かし》の葉のもみじぬからに散りつもる　奥山寺の道のさびしさ」という西行の歌で答えた。散り敷く落葉を踏むたびに思いおこすことどもである。

人は思い切《きり》て命をも棄《す》て、身肉手足をも截《き》ることは中々せらるるなり。（中略）依《よ》り来《きた》る時に事にふれ物に随《したがい》て心品《しんぽん》を調《ととの》うること難《かた》きなり。

道元禅師

人は、例えば手足を切ったり命をかけるというような特殊なことは意外にできるが、平凡な日常生活の一つ一つを、心をこめて勤めることのほうが難しい、というのである。

オリンピックで金メダルをとるためとか、仏道修行の上でも時と事を限って荒行をするというほうが、やりがいもありニュースバリューもあってやりやすい。しかし修行は、人に見せるためでも自己満足のためでもない。

道元禅師は、誰もいない部屋での着替えも、つつましく肌を見せないようにせよと示され、お便所の仕方から洗面の作法など、一日二十四時間のすべてを、やりたいようにではなく、あるべきように心を調えて勤めよと示される。すべてかけがえのないわが生命の歩みだから。

しぶ柿はしぶあるとて捨てるなよ　そのしぶゆえに甘くなる　古歌

柿が色づくころになると思い出す歌である。しぶのままではどうにもならないが、そのしぶが太陽やいろいろの縁を経て甘い干し柿と変わる。

禅の言葉に「火についで焼けず、火に背いてこごえず、よく火を利用するごとく、人、欲を修道の方《かた》に向けよ」というのがある。

火はいいものだとしがみつくと火傷《やけど》をする。火は恐ろしいといって退けたらこごえてしまう。そうではなく上手に火を活用してゆくように、人間の欲を、道を求め、道を行《ぎょう》ずる方向へ、多くの人々のより幸せな方向へと、方向転換せよと教えられる。つまり、自我の欲望から誓願への方向転換である。

欲が煩悩になるか誓願になるかの分かれ目は、その中に「私だけがよければよい」という私を中心とした思いがあるかないかによるといえよう。

重い荷物をおろさせていただき、心も軽く帰らせていただきます。

――老翁のつぶやき

一人の老翁が新米十キロ余りと冬瓜《とうがん》を背負い、電車を何度も乗りかえ、山里の拙寺《せつじ》まで辿《たど》りつかれた。「これを背負って来られたんですか⁉」と、私は驚きのあまり叫んでしまった。

帰りぎわ、何ともうれし気な表情で「重い荷物をおろさせていただき、心軽《かろ》やかに帰らせていただきます」と挨拶《あいさつ》された一言に、私は頭をガンとなぐられる思いがした。同時にあえて重い荷物を背負って来られた深い心がわかり、合掌した。人生の荷物、心の荷物をみ仏の前におろされたのである。

因幡《いなば》の源左さんは草刈りの帰り、デン（牛）を労《いたわ》り自分も背負ったが、途中重さにたえかねてデンに背負ってもらい、「ストンと楽に」なったとき、「フイッと」「親さま（如来）に頼め」といった父親の遺言がわかったという話も、思い出したことであった。

水があるから木が生えるのではなく、木があるから水がある。

ジョン・ミューア

山奥の宿への途中、紅葉で彩られた山や渓谷を眺めながら運転手が語った。

「山が紅葉で美しいのは闊《かつ》葉樹が多い健康な山の証拠なんです。夏は涼陰をつくり、冬は落葉して腐葉土となった大地に太陽の光が十分届く。こういう山の谷川の水は涸《か》れず、里の私らも田の水に苦労しません。

ところが人間の欲で、木を売って金もうけしようと、檜《ひのき》や杉などの常緑樹ばかりを植えるから、一年中、太陽の光が地上に届かず、土は死んでしまいわずかな雨でも土砂崩れをおこし、また河川も涸れてしまう。ダムをつくる費用で山を健康な姿に返すほうが急務です」

私は天籟《てんらい》の声を聞く思いで傾聴しながら、ジョン・ミューアの「木があるから水がある」の言葉や、「緑のダム」という言葉を思いおこしたことであった。

つた

釣瓶の縄が短ければ、深い井戸の水は汲めない

孔子の言葉

一本の鍬《くわ》と、その先に掘り返された少しの土、その絵に「一鍬掘り足りないために、水のでない人がいる。それは誰か」の言葉を添えた色紙に出合った奥村一郎神父は、頭をガンと割られる思いがした、と語られた。

本を読む、話を聞く、物ごとを考える。どんなにさか立ちしても、われわれは自分の持ちあわせている貧しい経験や、浅い学びの範囲内でしか、聞くことも考えることもできない。

昔、井戸水は釣瓶《つるべ》で汲みあげた。釣瓶の縄が短ければ深い井戸の水は汲めないように、持ちあわせている自分のモノサシや、受け皿が小さければ、どんなすばらしい教えも、いただくことができないのである。

限りなく学びを深め、経験を豊かにすることで、古人の教えに一歩でも二歩でも近づいてゆきたいと切に思うことである。

衆生を慈愛すること、なお赤子の如《ごと》くす　法華経

親鳥のふところに抱かれて孵《ふ》化《か》するのではなく、人工的に孵化させるときの心構えを聞いた。孵卵器から孵化したヒヨコを、親鳥のかわりに一羽ずつ両手の中に包みこみ、しばらくそのままじっと愛情を注ぎ、心をこめて声を掛けてから、巣箱の中にそっと放す。この作業をていねいにすると、その後、ヒヨコは身も心もすこやかに育つが、手抜きすると病気がちだったり、心も落ちつかないという。

ヒヨコさえ、命をいただいたその初めに、あたたかい親鳥の愛が、いつでも無条件に抱きとり包みこんでくださる「母のふところ」のぬくもりがあるかないかで、その一生がきまるのである。

昔から「三つ児《ご》の魂百まで」といわれ、現代の科学においてもこれは実証できるとのこと。しかも三歳までは百パーセント親の、とくに母親の責任に帰するといってよい。子育ての責任の重さを思うことである。

仏の教えというものは、生きているうちに聞くものじゃ。

一休宗純

ある大金持ちのご主人が亡くなり、お通夜に行かれた一休さん。お経も読まずに亡くなったご主人が愛用していた金槌《づち》でご主人の頭をたたき、弔問にかけつけた人々に語った。

「仏の教えというものは生きているうちに聞くものじゃ。一生涯愛用していた金槌で頭をたたかれて、痛いともいえなくなってからでは遅いのじゃ」

ある講演会で質問があった。「お経は死んだ人に読むものか。自分の足もとに読むものか」。いい質問である。「もちろん、わが足もとにむかって読むものです」と私は答えた。

聞く耳のあるうち、聞いて実践するからだのあるうちに、一刻も早く聞き、たった一度の生命《いのち》の今を少しでも悔いなく生きる。そのために説かれたものがお経であり、それを実践したときからだでお経を読みえたといいえ、そのことこそが亡き人への真の供養なのだということを忘れまい。

ほととぎす

私は一人の人から一人の人へという触れあいを大事にしなければならないと信じています。大海も一滴の水からなるものですから。

マザー・テレサ

マザー・テレサは大仕掛けなものごとのやり方を好まず、一人一人という個人を大切にし、一人一人の悩みによりそうというあり方の生涯を貫かれた。その仕事も大海の中の水滴のようなものではあるけれど、「その一滴から大海もなるのだから」と語っている。

大海も一滴の水から、大山も寸土から、千里の道も一歩から、一生も一瞬から、と思うとき、今ここの小さなことを大切にせねば、と思うことである。

道元禅師も「国に一人賢人が出ればその国は興り、愚かな者が一人出れば国は亡《ほろ》びる」と語り、一人を大切にされた。

私一人ぐらい、と思うのと、私一人からというのとでは、そこに開かれる世界は大きく違ってくるとつねに思う。釈尊一人から始まった仏法じゃないか。私一人から始めましょうと。

いまの一当《いっとう》はむかしの百不当《ひゃくふとう》のちからなり、
百不当一老《いちろう》なり。

道元禅師

「十時間かけて窯の温度を千度にあげても焼けはします。ただし焼けたというだけです。二十時間、三十時間かけて千度にあげてゆくと、その間に釉薬《ゆうやく》が窯変《ようへん》をおこすのです。人間も歳《とし》をとらないと熟しません。師匠は『作陶は八十歳からが本番だ』と語っておりました。私もこれからが本番と思っています」

生涯、唐九郎を師として作陶に精進しておられる加藤錦三氏が、美しく窯変した茶碗を前にして語られる言葉を聞きながら、私は道元禅師の「百不当一老」の言葉を思った。

今ようやく矢が的に当たった。それは限りない失敗にもめげず精進し続けることによって至り得た境涯だという。一当を一老と言いかえておられるところに心をとめたい。老は熟するということであり、何事も時間をかけなければ、それも一刻一時間を大事に生きるというあり方で時間をかけなければ熟さない。

こどもこそ大人の親ぞ

東井義雄

タクシーに乗った。女性ドライバーが語りかけてきた。

「私、母子家庭です。中学生の息子と二人暮らし。やがて息子が大人になった時、誇れる母であらねばならないと、毎日をつつしんで生きています。もし息子がいなかったら、私は堕落していたことでしょう。息子のおかげで生きる姿勢をととのえることができ、息子を拝んでおります」

私はうれしくなり「育児は育自（子育ては自分を育てること）と気づかせてもらいました」と手紙をくれた教え子のことや、東井義雄先生の「子どもこそ、大人の親ぞ」という言葉などを語ったことであった。

子どものおかげで親が育ち、生徒のおかげで先生が成長する。生徒や子どもを、わが親とし、鏡として、みずからの生き方を心して生きる人にして初めて、親とか教師と呼ばれるにふさわしい人と言われるのであろう。

ときりまめ

一国は一人の為に興《おこ》る。先賢は後愚の為に廃《すた》る。

中国・梁《りょう》『文選《もんぜん》』

女性仏教徒の国際会議に出席するべくタイのバンコクを訪れた。提供された会場の主のサンサニー尼は、タイのマザー・テレサともいうべき働きをしておられる方で、苦悩にあえぐ女性や子供を抱きとり、共に涙し救済に奔走しておられる。その姿をまのあたりにして、捨て身になって立ちあがる一人の人の力の計りしれなさを思った。

『文選』に「一国は一人の為に興る。先賢は後愚の為に廃る」という言葉がある。一人すばらしい人が出れば国は栄え、愚かな人が一人出ると、栄えた国も亡《ほろ》びる、というのである。

一人が捨て身になって立ちあがれば、おのずから呼応する人があらわれ、また救われた人々がご恩返しに立ちあがる。結果は問わず、やるべきことならば私一人から始めましょう。この誓願のもとに歩みつづけたい。

子どもに屑《くず》はない。しかし、うっかりしていると、屑にしてしまう。

東井義雄

少年刑務所へお話に行った。どういう事情の子たちが入っているのかという私の質問に対して、職員は答えてくれた。

「帰る家がない、やすらぐ家がない、待っていてくれるお母さんがいない、もしあっても母としての務めを放棄してしまっている。そういうかわいそうな子たちです。人間ですから間違って罪を犯すこともある。罪を犯してしまったわが子の悲しみを自分の悲しみと受けとめ、真剣に更生を祈りながら面会に来てくれる母をもっている子は、百パーセント更生します」

子どもの面影を残す子らの合唱を涙して聞きながら思った。子どもは母の胎内に命いただいた時、そして生まれた時は、汚れない純白な素材であったはず。どう育てあげてゆくかは、親の、とくに母の責任に帰するところが多いということを。

人間は、なくてもがまんできることの中に幸せを追い求め、それがなくては幸せなど成り立ちようのない大切なことを粗末に考えているようだ。

塩尻公明

「金と名誉は凡夫の餌ですわね。餌のある処《ところ》には餌の欲しい人が集まります。私は仏法がいただきたい。私をこちらの参禅会のお仲間にお加えください」

参禅会にやってきた八十代の女性の口から、淡々と語り出されたこの一言に、私は思わず襟を正した。

山と積まれた金もあっけなく借金に変わり、昨日まで栄誉をきわめていた人が今日は刑務所入りということもある。金も名誉も、そして夫も妻も子どもも、すべて持ち物にすぎず、死ぬ時には持ってはいけない。

まずは命をいただいていること。その命を生かすための空気や食物を授かっていることと。その空気や食物をいただくための肺や心臓の働きや、食欲を授かっていること等々。それがなくては一瞬も生きられないものへの心の眼を開きたいものである。

とうていらん

くものある日　くもは　かなしい。　くものない日　そらは　さびしい。　八木重吉

まどろんでいるような春の月もよいが、やはり月は秋の、それも雲間の月がよい。雲一つない空の月は退屈だ。ちょうどそのように、人生の旅も変化があったほうがよい。雲

愛する日あり憎しみに変わる日あり。病む日あり癒える日あり。成功したと喜び、失敗したと悲しみ……。おかげで長い人生も退屈しない。更には地上の山やすすきなど、全体が一つの視野の中に入っていれば、もっと豊かでたのしい。

とかく吾々《われわれ》は、愛のときは愛のみにとらわれ、憎しみに変わったら憎しみのみで、他が見えなくなり七転八倒する。愛憎は一つの心の裏表と、つねに全体の展望ができる心の眼の高さをもって生きることができたら、人生の味わいも深いものとなろう。

「すべては人生の綾模様《あやもよう》じゃ」とおっしゃった余語翠巌《よごすいがん》老師の言葉が思いあわされる。

我が命の惜しきことをしらば、小さき虫に至るまで、心をとめてみよ。

鈴木正三『盲安杖《もうあんじょう》』

集合写真ができてくると、誰しもがまず自分の顔を探すように、われわれはいついかなるときも、自分中心の思いが、心の深みに強く働きつづけている。

釈尊はまずそういう「何よりも自分がかわいい」という思いを凝視《ぎょうし》せよ、と説かれる。次に、可愛がってもらいたい、傷つけられたくないの思いが満たされなかったとき、傷つけられたときの悲しみ苦しみを忘れるな、と示される。

更に、私がこんなに自分が可愛いように、皆も自分が可愛いのだ、私がこんなに傷つけられて悲しいように、皆も悲しいのだと、わが身にひき比べて、思いを他の人々の上に転ぜよ、と諭され、自分を愛しいと思ったら、すべてのものを慈しんでゆけと結ばれる。

仏教の慈悲がきれいごとではなく、本能ともいうべき我愛の転じたものであることの深さとゆるぎなさを思うことである。

逝《ゆ》けり　逝けり　彼岸に逝けり　倶《とも》に逝けり　敬礼《きょうらい》す　霊智。

（『般若心経《はんにゃしんぎょう》』の呪、ギャテイギャテイ、ハーラーギャテイの訳）　マックス・ミュラー

風邪をこじらせ一か月近くもたついた。夜中、汗でぬれた寝間着を着替え、「よし、眠るぞ」といいきかせても、体調がととのわなければ眠れない。食欲もない。ようやくにして熱もおさまり、眠ることができ、同時に食欲も出てきた。「ああ、眠りや食欲を授かった」と改めて思ったことである。

「私の生命が私の手のとどかぬもの」とは、清水公照長老の言葉。生命のいとなみのすべてが、私の思いのとどかないところの大いなる働きによるものであることを忘れまい。そのことに気づく気づかぬにかかわらず、始めからそういうすばらしい働きをいただいている、というのが「彼岸に逝けり」という過去完了形の訳である。しかし気づかねば喜びもいただけない。同じ「ギャテイ」を、「ゆこう」と未来形で訳された高田好胤僧正の心も思うことである。

なせばなる　なさねばならぬ　なにごとも　ならぬは人の　なさぬなりけり　　古歌

壊疽《えそ》のため幼くして両手両足を失った中村久子さんが、口に筆をくわえて書かれた書画の展示会を見にいったことがある。

「なせばなる　なさねばならぬ　なにごとも　ならぬは人の　なさぬなりけり」の歌が、色紙や短冊に書かれていたのがとくに心に残り、折々に思い出し、「やれなかった」んじゃなくて「やらなかった」だけのことではないか、と自分に問いかける。

一つのことをなしとげうるか否かの鍵は、「やる気、本気、心の立ちあがり」があるかないかによることは間違いない。しかしそこでまた思う。自分の努力で、自分のがんばりでやり通せたというおごりの心が忍びこむと、やらない人を責める刃《やいば》に変貌するということを。

手のあげおろしさえも、天地いっぱいのお働きをいただいて初めてできるものであることを忘れまい。

いのちをあはれみて　いまをおもくすべし

道元禅師

ヨーロッパの家庭での食事の最中、子供が騒いだ。父親が厳しくたしなめて食事をさせなかった。居あわせたF氏が「少し厳しすぎないか」と言うと、父親は言った。「今叱らなければ子供の心が死んでしまう。一度や二度、食事をとらなくても子供のからだは死にません」と。

茶道の弟子が一束の菊を持ってきて言った。「この菊は田んぼで育ったものですから、長もちしないと思います。山の畑のような条件の悪い処《ところ》で育った菊は強くて、切り花になっても最後の蕾《つぼみ》までも咲かせますが」と。

水気のある田で育った菊は弱く、悪条件の山野で育った菊は強い。わが子を本気で愛《いと》しいと思ったら過保護にしてはならない。その子の遠い将来を思い、どんな困難にもめげず越えてゆくことができる人間にするには、今どうしてやるべきかを考えることこそ本当の愛であろう。

師につく姿勢は、匙《さじ》であってはならない。舌であれ。（要約）　法句経

釈尊《しゃくそん》は、人生の師につく姿勢を、匙と舌に例えて示された。匙はどんなに料理をすくっても味を知ることはできないが、舌は料理をのせた瞬間に知ることができる。そのように匙であってはならない、舌であれ、と。

たとえ立派な師について、あるいは夫婦として長い年月を共に暮らしても、ほんとうの意味での出会いもなく、したがって何の教えもいただくことができない人もある。わずかに一瞬であろうと、真の出会いが成立し、大切な教えをいただくことができる人もいる。

アンテナが立っているかいないかの違いといえよう。私はそれにもう一言つけ加えたい。舌に前に食べたものの味を残すなと。私のものの見方や先入観などのすべてを捨て、カラッポになって聞け、ということである。

「姑《しゅうとめ》も昔は嫁にて候」「嫁が姑になるにて候」

江戸時代　盤珪永琢

盤珪永琢《ばんけいようたく》さまのところへ老母が嫁の愚痴をこぼしに来た。盤珪さまはていねいに老母の愚痴を聞き、老母の心の荷物がおりて軽くなったところで一言、「姑も昔は嫁にて候」といわれた。

別の日、嫁が姑の愚痴をこぼしに来た。それもていねいに聞き、嫁の心がきれいに掃除されたところで、盤珪さまは「嫁が姑になるにて候」と語られた。

「嫁を他人と思うな、あなたの来た路（みち）じゃ。自分の過去の姿と受けとめよ」というのである。「姑を他人と思うな。あなたのゆく路じゃ。自分の明日の姿と受けとめよ」というのである。

一人の人を極悪非道と人々が非難する中で、「もし私がそういう条件の中にいたら、もっと悪いことをしていたであろう」と、わがことと受けとめて涙された人の姿を忘れまい。

煩悩具足の身、右は仏法聴聞のご用につき、借用つかまつり候。しかるに老少不定の世界に候間、無常の風吹き次第、何時にても御返済申すべく候。

念仏行者

K寺の本堂のかたすみに「五尺の躰借用證文《しょうもん》」と題するこの小さな扁額《へんがく》を見つけたとき、私は思わず釘《くぎ》づけになった。五尺の体を仏法聴聞のために借用したいと申し出ているのは、娑婆《しゃば》国の念仏行者、宛名は冥土の国の閻魔《えんま》大王殿となっている。いったい私はこの五尺の体を何に使おうとしているのだろうか。

たった一度の、やりなおしのできないこの生命を、金もうけや名誉を手に入れるために使ってはもったいない。まして人を傷つけたり悲しませたりするようなことに使ってはならない。

体あって最高の教えが聞け、体あって教えを実行することも伝えることもできる。さらには「無常の風」が吹いたときにはいつでもお返しができる覚悟が、いつ死んでもよいという生き方ができているかと、問いかけてくる。

無情の説法、有情聴く。風、寒林を攪《ゆす》りて、葉、庭に満つ。

大智禅師

茶・華道の弟子たちが「お花の活《い》け方を教えてくれ」と言う。私は「お花に聞きなさい。お花の言う通りに入れれば、ちゃんと調うよ」と答える。

庭に落ち葉が散り敷く頃になると、この大智さまの偈《げ》を思い出す。この「無情の説法を聴け」という話は、遠く中国の唐代にまでさかのぼる。

「無情の説法をどう聴いたらよいか」という洞山《とうざん》さまの質問に対し、師の雲巌《うんがん》さまは「無情の説法は耳で聴くのでなく、眼で聴くのだ」と教えておられる。

仏教では、人間とか動物などの心あるものと思われるものを「有情」と呼び、日月や草木や岩石などは心のないものとして「無情」と呼んでいる。

釈尊《しゃくそん》は暁の明星を見て悟り、霊雲《れいうん》禅師は桃の花を見て悟られた。天地の声なき声をどう聞いたかが、人類の文化の歴史といえるのではないか。

大きな木を　全部的に見ろ、そこいらにある虫葉を　ほり出すな。コラ！　小僧。

武者小路実篤

茶席の床の間に病葉《わくらば》を活《い》け、活けている間に散った葉をそっとそのままにしておいた。病葉や落ち葉が、趣を深いものにしていることを楽しみながら。

子供たちが写生にきた。本堂の軒下に入ってさわいでいる。「何を描きたいの？」と質《たず》ねると、「本堂を描きたい」という。「それなら向こうの山道まではなれなさい」と子供たちを山道まで追いやりながら、「人生も同じだな」と気づいた。

本堂の軒下へ入ってしまえば、節穴か蜘蛛《くも》の巣しか見えない。遠くはなれると、本堂全体が見え、本堂を囲む古木や、その彼方《かなた》に連なる白銀のアルプスの山並みまで見え、美しい絵になる。

大切な人も近すぎて欠点しか見えないようではいけない。遠くはなれて全体を見る努力をせねば、と思うことである。

時間とお金をかけてカルカッタまで来なくても、あなたの周辺にあるカルカッタに気づき、そこで喜んで働くことのほうが大切です。

マザー・テレサ

マザー・テレサの修道会はしばしば炊き出しをする。何十人、何百人の一人一人に、パンとスープを渡すのである。

終えて帰ってきたシスターたちに、マザーは必ず三つのことを確かめる。「一人一人にほほえみかけたでしょうね。手を触れてぬくもりを伝えましたか。短い言葉がけを忘れなかったでしょうね」と。

この話を聞いた女子大生が感激し、奉仕団を結成してカルカッタ（現コルカタ）へ行きたいと申し出たのに対し、マザーは「わざわざカルカッタまで来なくても、あなたの周辺のカルカッタに心を運ぶ人間になるほうが大切」とさとされたという。

二十四時間ともに暮らす姑《しゅうとめ》や嫁に、主人や子供に、勤め先や到《いた》る処《ところ》に、身や心を病んでいる人がいよう。そこに心を運ぶことのほうがどんなにか大切だというのである。

大心とはその心を大山にし、その心を大海にして、
偏《へん》することなく党《とう》することなき心なり。

道元禅師

「いま時分のヤツのやることは、みな集団をつくってアタマ数でゆこうとする。ところがどこの集団でもグループぼけばかり。いわんや党派をつくるなど、グループぼけの代表である。そんなグループぼけをやめて、自分ぎりの自分になることが坐禅である」。これは沢木興道老師の言葉である。

内山興正老師は更《さら》に、「石炭がらはいくらたくさんあっても石炭がらでしかないわけだが、厖大《ぼうだい》な容積で持ち出されると、タイシタモノであるかの如《ごと》き錯覚をおこすのがグループぼけ」と言葉を添えておられる。

道元禅師は「偏せず党せず」つまりかたよらない、徒党を組まない心を、「大心」とおっしゃった。周囲の雰囲気に酔ったり、のぼせあがったりせず、いついかなるときも、醒《さ》めて生きたいと思うことである。

渓声はすなわち広長舌　山色あに清浄身にあらざらんや
夜来《やらい》八万四千の偈《げ》　他日いかんが人に挙似《こじ》せん（七言絶句）

中国・宋代・蘇東坡《そとうば》

赤、黄、褐色と、さまざまに染め分けた落ち葉が庭を埋める季節となった。「あーあ、掃除せねばならないなあ」とつぶやきながら一人は通りすぎた。一人は深まりゆく秋の風情をたのしむかのように眺め、やがて一首の歌をつくってきた。掃きあつめた落ち葉を焚《た》き、焼き芋をたのしんでいるメンバーもいた。一つの景色に対するさまざまの受けとり方を見ながら、蘇東坡の詩に思いを馳《は》せた。

萌《も》え出《い》づる春、紅葉して散る秋、寒風に吹きさらされながら凛《りん》として立つ裸木の姿、あるいは朝夕や晴雨によって限りない姿を見せてくれる山々の姿や渓川《けいせん》の語りかける言葉を、天地が露堂々《ろどうどう》に見せてくれている真実の姿や言葉を、心の眼《まなこ》や耳を開いて聞けというのである。

人類の文化は、天地の声をどう聞いてきたかの歴史といえよう。心して天地の大説法に、耳を傾けたいものである。

人間はみな同じ地球人なんだ。全人類共有の宇宙船地球号に乗りあわせた兄弟だ。いまの超大国の軍事的対立を、とても悲しいことと思う。（要約）　宇宙飛行士・アーウィン

「我々が宇宙から見た地球のイメージ、全人類共有の宇宙船地球号の真の姿を伝え、人間精神をより高次の段階に導いていかねば、地球号を操縦しそこなって、人類は滅んでいく。人間はみな同じ地球人なんだ。（中略）いまの超大国の軍事的対立を、とても悲しいことと思う」

これはアポロ15号で月探検をなしとげた宇宙飛行士のアーウィンの言葉である。宇宙飛行士たちのインタビューを終えた立花隆氏は、「宇宙飛行士とは『神の眼《め》』を持った人間なのだ」と、その著『宇宙からの帰還』（一九八五年、中公文庫）の中で述懐している。

人類の外へ出てみなければ人類の姿は見えず、地球の外へ出てみなければ、地球のほんとうの姿は見えてこない。地球とか人類という枠をはずし、その外から眺めることにより、宇宙船地球号の操縦をあやまらないようにせねばと思うことである。

アダムとイヴが禁断の実を食べてエデンの園から追放されたというが、あれは人間が分別を持つことで神の国から追放されたんじゃな。――十月五日達磨忌にちなんで

余語翠巌《すいがん》

起きあがり小法師や縁起達磨《だるま》で親しまれている達磨大師は、西暦五二〇年、禅を中国へ伝えた方とされている。仏法天子と呼ばれた梁《りょう》の武帝が礼を篤《あつ》くして迎え、「いかなるか聖諦第一義《しょうたいだいいちぎ》」（一番大切なことは何か）と尋ね、大師は「廓然無聖《かくねんむしょう》」と答えられた。「虚空《こくう》の如くカラッとして凡も聖もない」というのである。人間のモノサシを出すと、聖凡あり是非善悪あり、勝劣あり愛憎ありと限りがない。

「吾是なるときは彼非なり」の聖徳太子の言葉通り、是非善悪も立場が変わると逆転する。地球上のあちこちで展開されている戦いも、どちらも正義をかざしての戦いだから始末が悪い。

人間の分別をかなぐり捨て、宇宙的視野からかえりみよ、それが達磨大師の「廓然無聖」のお心ではなかろうか。

明日死ぬかのように生きよ。永遠に生きるかのように学べ。
マハトマ・ガンジー

アメリカでの講演のあと、「死の宣告は仏の慈悲か」という質問があり、私は答えた。「われわれは皆、例外なしに死刑囚。いわゆるの死刑囚は人為的に死刑が宣告される。あるいは難病で死の宣告を受けた人は、むしろ死を自覚することで生命の尊さにも気づくことができ、死の準備もでき、さらには許された一日の生命をどう生きるべきかも真剣に考える。その意味で死の宣告は仏の慈悲だと思う」と。

一方、学びを深めるという面からは、道元禅師が「道窮まりなし」と示し、「学びが深まるほどに足りない自分に気づくもの」とおおせられ、余語翠巌《よごすいがん》老師は、「無限に食欲がおきるというような求道のあり方でなければならない」と語っておられる。

教えの光に照らされることにより一層貧しい自分に気づかせていただきながら、生々世々《しょうじょうせぜ》にわたり、喜びの中に学び続けたいと切に願うものである。

うぬぼれは　木の上から　ポタンと落ちた。　落ちたうぬぼれは　いつの間にかまた
木の上に　登っている

榎本栄一

道元禅師は口をきわめて「道を学ばんと思う者は貧しくあれ」とおっしゃり、権門に近付くなとさとされた。財を持つと財におごり、名誉を手に入れると名誉におごる人間の弱さをご存知ゆえの、親切なお導きであろう。

仏教の深層心理学ともいえる唯識《ゆいしき》学の権威の太田久紀先生が「慢（おごり）の心所《しんじょ》の、やっかいなのは、慢心を克服したと思う瞬間、慢心を克服したという慢心が起きる」と語っておられる。

この唯識と密接なかかわりを持っている『瑜伽論《ゆがろん》』では、憍《おご》りの心を「無病憍」「少年憍」「長寿憍」「族姓憍」「色力憍」「富貴憍」「多聞憍」「善行憍」の八つをあげている。

無病憍《きょう》（健康への慣《おご》り）――病者への思いやりに欠ける。

――『瑜伽《ゆが》論』が説く心の憍りより

介護を受けている同級生を見舞った。自分で食べることも用を足すこともままならない友の前に立って、私は身のおきどころのない思いをした。

さいわいに健康に恵まれ、日本中を駆けずりまわっている私の姿を、友はどんなにか羨《うらや》ましく思い、同時に何もできなくなっている自分のみじめさを、いやというほどかみしめているであろうと思うとき、健康であることが、病む友に罪を犯しているように思え、言葉もなく友の手を握るばかりであった。

私も三十代後半、開腹手術を受けたことがある。病むことを通して、生かされている生命の働きに気づかせていただくことができ、同時に病む人への心の運びも少しはできるようになり、「南無病気大菩薩《ぼさつ》」と合掌して退院したことであった。

少年憍《きょう》（若さへの憍《おご》り）――老人への思いやりに欠ける。

――『瑜《ゆ》伽《が》論』が説く心の憍りより

　若き日、ツルゲーネフの「若者は若いというだけで老人に罪を犯している」という意味の言葉に出合い、当惑したことを今も忘れない。今、八十の坂を越える齢《とし》となり、この言葉の心が納得できるようになった。

　旅先、エレベーターのない駅に降りると、手すりにすがりながら一歩一歩階段を上り下りする。そんな時、若者が二、三段も跳び越して走り去るのを見ると、ヤレヤレと否《いや》でも自分の足腰の衰えを自覚させられる。

　しかし、その時思う。失ってみないと気づかないこと、例えばふつうに歩けたり立ち座りすることができることのすばらしさに気づくことができたり、また遅れればせながらも老人への思いやりを持つことができたな、と感じさせていただければ、老いに手があわせられるのではなかろうか。

長寿憍《ちょうじゅきょう》（長寿への憍《おご》り）

――『瑜伽論《ゆがろん》』が説く心の憍りより

「上手に年をとろうなあ」「上手に年をとるには勉強が大事だな」。これは妙心寺の管長をしておられた古川大航老師（当時九十余歳）が、松原泰道老師に語られた言葉である。後に泰道老師はさらに「上手に年をとるということはテクニックではない」。また「上手に年をとるための勉強といっても、それは普通の勉強ではなく、どう人生をいきていくかという勉強が大事です」という言葉を添えられた。

経験に無駄はない。長生きするほどに経験も豊かになり、人生の掘り下げも深まり、遠い展望もできるようになるものである。深まるほどに、遠い展望ができるようになるほどに、おのれの貧しさに気づき謙虚になるというのが、ほんとうの姿であろう。が、下手な年のとり方をすると、それが憍《おご》りとなる。また、「老」という字が「円熟」を意味するものであることも忘れまい。

族姓憍《ぞくしょうきょう》（氏素性への憍《おご》り）

――『瑜伽論《ゆがろん》』が説く心の憍りより

あるとき、自分の生まれの良いことをいつも鼻にかけて物申すAのことを批判して、Bがこう言った。「あの人には誇れるものがそれしかないから」と。

二人の姿を見ながら「憍《おご》りの心のしぶとさ」を思った。氏素性を憍るAを批判するBの心の中にも、自分はAより生まれは悪いんだという卑下慢《ひげまん》（これも憍りの一つ）の心と、「出生なんか何だい。そんなものよりもっと大切なことにおいて、私はAよりすぐれているぞ」という増上慢の心が働いていることを見逃してはならない。

釈尊は二千五百年前にすでに繰り返し「人の尊卑や価値は生まれではなく、行為による、生き方による」と説かれ、また実践された。その法縁にあってなおしぶとく、わが心の奥底に、氏素性への思いがしのびこんでいることを忘れてはならないと思うことである。

色力憍《しきりききょう》（セックスの憍《おご》り）
富貴憍《ふうききょう》（財力の憍り）

——『瑜伽《ゆが》論』が説く心の憍りより

仏教では人間の欲を「財・色・食・名・睡」の五つに分類し、五欲と呼んでいる。このうち色欲・食欲・睡眠欲は、命あるものすべての上にあり、しかも足ることを知るものであるが、財欲と名誉欲だけは人間のみにあって、しかも足ることを知らず、むしろ持つほどにエスカレートするものとされている。

道元禅師が厳しく「名利を投げ捨てよ」と説きつづけられたゆえんもそこにある。

沢木興道老師は「金も無《の》うては困る。けれども金より大切なものがあることを知らにゃ。色気も無うては困る。けれども色気より大切なものがあることを知らにゃ」と、老師らしい語り口でよくおっしゃった。

欲がイコール悪ではない。欲は大切な命のエネルギー。大切なことはそれをどう生かすかにある。

多聞憍《たもんきょう》（博学多才への憍《おご》り）

――『瑜伽《ゆが》論』が説く心の憍りより

「多聞」とは博学多才であったり、仏法の学びや修行を深くしたことといえよう。広く学ぶほどに貧しい自分に気づき、修行が深まるほどに足りない自分が見えてきて謙虚になる、それがほんとうの学びの姿であり、修行のあり方といえよう。ところが、いつの間にか憍《おご》りに変わり、学びや修行の浅い人を見下す自分が育っていることに気づき、ハッとさせられる。

学びにも、科学や政治・経済などの知識としての学びから技術の学びにいたるまでいろいろある。しかしこれらは手に持つ道具にすぎず、道具を使う人間が駄目なら、地球や人類を亡《ほろ》ぼす凶器に変わってしまう。

これらの道具を扱う人間づくり、それが宗教であろう。その宗教の学びや修行さえ、うっかりすると憍りに変貌している。憍りの心のしぶとさを思うことである。

善行憍《ぜんぎょうきょう》（善いことをしたという憍《おご》り）

――『瑜伽《ゆが》論』が説く心の憍りより

ある日のこと、私の乗っていた電車が一つの駅に止まり、一人の老婦人が乗ってきた。私の横に座っていた青年が「どうぞ」といって席をゆずった。遠慮する老婦人に青年は「降りますから」といってサッとホームに降り立った。

老婦人はホッとした表情で腰を掛けた。しばらくしてふと隣の車両を見ると、先ほどの青年の顔があるではないか。席をゆずったことが相手の心の負担にならないように、とのきめこまかな心づかいに、深く心を打たれたことであった。

太田久紀先生は、善いことをするにあたっての二つの留意点をあげられる。一つは善のおしつけ、善意のおせっかいによって相手を傷つけないこと、二つ目は善の行為の心の底に「私が」という利己の心がひそんでいないか、ということ。道元禅師が「布施というは貪《むさぼ》らざるなり」と示されたお心を思うことである。

冬

「労《いたわ》る」とは「至ること」、わたしの働いている至るところに、いたわる心が行きとどかなければならない。

内山興正

例えば十人の食事を作るとする。まず献立を立てるにあたり、考えなければならないことは、年齢や職業や健康状態の違いなどである。育ちざかり、働きざかりの人には肉や魚を、高齢者や病気の種類によっては野菜や豆腐を、というように。

具体的に料理をするにあたっては、煮方や庖丁《ほうちょう》の入れ方、味つけの濃淡から盛りつけの多少にいたるまで、心を運ばねばならない。若い人には歯ごたえのあるように、高齢者にはやわらかく、切り方も食べやすいように隠し庖丁を入れるなど。

季節への心配りも大切で、例えば寒い季節に、うつわごとあたためた料理を出されると、体ばかりではない、心もあたたかく豊かになるものである。

あたたかい心配りが、相手や周囲を、世界を、あたたかいものに変えてゆく。

善友力《ぜんうりき》（善き友の力）

唯識（インド・世親）

炉開きの季節（立冬）になると思い出す言葉がある。

「小さな火を冷たい灰の中にばらまくと消えてしまう。一つにまとめれば家を焼くほどの大きな火にもなる。そのように誰しも一分の道心《どうしん》（道の心、道への心）を持っているが、世の荒波の中に放り出されると、その道心の火も消えかねない。善き友を持つことにより、足弱き自分も、自分の持っている力以上に歩みを進めることができる」と語られた沢木興道老師の言葉である。

仏教の深層心理の探求ともいえる唯識《ゆいしき》思想（紀元四〜五世紀頃、インドで世親《せしん》によって大成）の中で、善き友を持つことの大切さを「善友力」として説いている。ということは、悪においても同じことがいえるということになる。一人の弱さを自覚し、善き友に近づくように心がけたいものである。

玉は文《あや》を彫って以《もっ》て淳《じゅん》を喪《そう》す

中国・宋　宏智正覚禅師

竹製品の作品展へいった。技の粋を極めた作品群の中にただ一点、煤竹《すすだけ》の掛け花入れを見つけ、ためらわず買い求めた。作家はうれしそうに、しかしちょっぴり淋《さび》しそうに語った。

「この煤竹は三百年という古い茅葺《かやぶき》の農家の屋根をこわした中から、たった一本いただいたものです。私は裏に釘《くぎ》に掛けるための穴をあけただけで、一つも手を加えていません。これをお求めくださった先生の炯眼《けいがん》には恐れ入りました。私の生涯で、二度とこれほどの煤竹にめぐりあうことはありませんでしょう」と。

私は宏智正覚《わんししょうがく》禅師の「玉は文を彫って以て淳を喪す」の言葉を思った。宝石は天地からの授かりのままがよい。人間が山水や人物を彫ることで、かえって本来の淳なる姿を失ってしまう。何もしないほうがよいというのである。

今が本番、今日が本番、今年こそが本番。明日がある、明後日があると思っているうちは何もありはしない。肝心な今さえないんだから。

東井義雄

師走を迎えるたびに、声も姿もない時の流れに、月日という、師走や正月という名前と区切りをつけ、人の意識にのぼらせようとした古人の智恵を思う。

相田みつをさんに「そのうち」と題する詩がある。

「そのうちお金がたまったら、そのうち家でも建てたら、そのうち子どもから手が離れたら、そのうち仕事が落ち着いたら、そのうち時間のゆとりができたら。そのうち……そのうち……そのうち……と、できない理由をくりかえしているうちに、結局は何もやらなかった空しい人生の幕がおりて、頭の上に淋しい墓標が立つ。そのうち、そのうち、日が暮れる。いまきたこの道、かえれない」

願わくは、こんな年の暮れや人生の暮れにならないよう、「今が本番、今日が本番」と立ち向かってゆきたいものである。

捨てきれぬ　荷物の重さ　前うしろ

種田山頭火

木枯しの吹くままに紅葉の衣を脱ぎ去り、裸木となって透明な冬空に立っている木々をみると、種田山頭火《たねださんとうか》のこの句を思い出す。

日記を焼き捨て、過去の一切を葬り去って行乞《ぎょうこつ》放浪の旅に出た山頭火ではあったが、心に背負いこんだ荷物を捨てることはむずかしい。山頭火ほど「捨てる」ことに徹して生きようとした人も稀《まれ》であろうし、同時に山頭火ほど捨てられない自分を見つめて生きた人も少なかろう。

財産や名誉などという持ち物を捨てることはまだ楽だ。善いこと、悪いこと、それにともなう好き嫌いの思い、そのど真ん中にはわが身かわいいの思いが居すわっている。

自分自身への思いを捨てることはむずかしく、捨てたという思いも捨てることは更にむずかしい。「捨」の行の深さとむずかしさを思うことである。

布施といふは、むさぼらざるなり。
むさぼらずといふは、よのなかにいふ、へつらはざるなり。

道元禅師

布施とは施すことと思っていたが、貪《むさぼ》らないことだという。布施するときの心の深みをのぞいてみよう。

例えば初詣で。お賽銭《さいせん》を投げながら頼みごとだけは山ほどしていないか。何かの寄付をする。寄付者名や寄付額が発表されるかされないかで、寄付額が大きく変わる。寄付とひきかえに名誉を買っていることになっていないか。車中で席をゆずることさえ、「ありがとう」の一言の礼を期待している。まぎれもなく貪りの心である。

一歩進めて「貪らずとはへつらわざるなり」と説かれる。貪りの心の奥にわが身かわいい思いが居すわり、そのゆえに何かが欲しい。そのためのへつらいである。諂笑《てんしょう》といって、笑うことにさえへつらいがまじりこむ。道元禅師はそこを見逃さない。禅師の透徹した眼に照らされ、こころして新しい年を迎えたい。

大根を抜いた　その穴に百円玉を　チャリンチャリンと　いれたい。

榎本栄一

　榎本さんはつぶやく。「私は大根の種をまいただけ。何もしていない」、太陽や空気や雨や大地など、すべてのお働きをいただいて、「大根さま、大きくなられた」。私が生きるためにその大根の生命をいただかねばならない。一本抜いたら土にポッカリと穴があいた。大根さまをお育てくださった、かぎりない天地のお働きにお礼がしたくて、その穴に百円玉を入れたくなった、というのである。

「吹けばとぶような命を、宇宙が総力をあげて生かしてくれている。ゴミのような命と天地宇宙とかけあう価値ありと知れば、手があわされる」と語ってくださった米沢英雄先生の言葉が思いあわされる。

　私の生命の背景に天地いっぱいの働きがあると知れば、おのずからどう生きたらよいかの答えは出るというものであろう。

相田みつを

どじょうがさ、金魚のまねすることねんだよなあ。

中国・雲門宗の祖となった雲門に「人々尽《ことごと》く光明のあるあり」という言葉があり、その光明とは「僧堂が僧堂の働きをし、台所が台所としてあるべきところにあってその働きをし、山が山の、川が川の働きを十分に果たし得たとき、それが光明三昧《ざんまい》の姿だ」と語っている。

どじょうがどじょうに落ちつき、私が私に落ちつき、私の授かりの生命を時・処《ところ》・位に応じて生きる。それが光り輝く生き方だというのである。

われわれはつねに、冬より春がいいとか、ここよりあそこがいいとか、この仕事よりあの仕事のほうがいいとか、病気はかなわない健康がいいとか、追ったり逃げたりしている。いかなる時、いかなる処、いかなる事にぶつかっても、逃げず追わずぐずらず、姿勢を正して立ち向かい全力を尽くす。そこに光明が輝くというのである。

わが名をよびてたまはれ　いとけなき日のよび名もてわが名をよびてたまはれ　（略）
ちらちらと雪のふる日のとほくよりわが名をよびてたまはれ

三好達治

心の深みからほとばしり出るこの切なる呼び声は、そして呼ばれているはるか彼方《かなた》のお方は誰であろうか。未《いま》だ世の汚れを知らない幼い日の私であり、その私から母への呼び声であり、また母からの呼び声でもある。世の荒波にもまれて長い間、忘れていた大切な私の中のもう一人の私の叫びでもあり、私から私への呼び声でもある。

「仏をおもい続けて忘れぬのが〈念仏〉である。〈念仏〉というと、口に『南無阿弥陀《なむあみだ》仏《ぶつ》』と唱えることだとなんとなく考えているが、本来は『仏をおもうて忘れぬこと』である」と唯識学《ゆいしきがく》の泰斗である太田久紀先生は語っておられる。

幼児が母の名を呼び、母を得て歓喜の声をあげ、その胸に全身心《しんじん》を投げこんで安らぐ。「念仏」や「帰依《きえ》」の原風景をここに見る思いがする。

つばき

かつて己の犯した悪業を、いまや善業をもっておおう人は、あたかも雲間を出でし月のように、この世を照らすであろう。

雑阿含経《ぞうあごんきょう》

初冬のインド、祇園精舎《ぎおんしょうじゃ》の近くにあるアングリマーラの塔に詣でた。彼は人を殺しその指を首飾りにしているというので、指鬘外道《しまんげどう》と恐れられていた。釈尊《しゃくそん》はある夕暮れ、外道が出没する方へと歩を進められた。外道は、よき獲物とばかり尾行するが、何としても近づけない。彼は叫んだ、「沙門《しゃもん》よ、止まれ！」と。

釈尊は静かに「私は止まっている。汝《なんじ》も止《や》めるがよい」と呼びかけられた。不思議な力で「悪を止めよ」と彼の心を揺さぶり、彼は釈尊の足元にひれ伏し、乞うて仏弟子となった。後に釈尊が彼に与えたのがこの偈《げ》である。

三つの教えが聞こえてくる。どんな悪業を犯してもあきらめるな、出直す道は開かれている。どんなに修行しても心をゆるめるな、悪縁次第でどんな悪でもやりかねない。大切なことは「今どうか」だけを問えと。

浜までは海女も蓑《みの》着る時雨かな

播州　瓢水

江戸時代、播州の瓢水《ひょうすい》という俳人。千石船を五艘《そう》も持っていたという財産を風流でみななくし、「蔵売って日あたりのよき牡丹《ぼたん》かな」と吟じられるほどに透徹した境涯の持ち主。やがて出家をし、草庵《そうあん》を結んでいた。

一人の雲水がその境涯を慕って訪ねていったところ、たまたま風邪薬を買いに行って留守だった。「薬を買いに行くとは、まだ命が惜しいのか」といって帰っていった雲水に贈った句といわれるのがこの「浜までは海女も蓑着る時雨かな」である。

いずれ海に入ってずぶぬれになる体ではあるが、海に入るまではちゃんと蓑を着てゆく。わずかな間も命を粗末にはしないというのである。

命あってこそ、教えが聞け、実践もできる。命あってこそ、世のお役にも立てる。天地からの授かりの命、大切にさせていただかねばと思うことである。

おまえなら、絶対トップになれる。おまえならできるはずだ。

大石寛

二十三歳の岡村精二青年をして、太平洋をただ一人、百四十七日をかけて横断せしめた力はどこから来たのか。それは、小学校卒業の時、担任の大石寛先生の「おまえは頭がいい。おまえならできるはずだ。中学生になったら一度、一生懸命勉強してみろ」という、愛と信頼の一言であったという。

音楽療法をしている人から対照的な話を聞いた。登校拒否や引きこもりの子供の母親が、子供を叱る時の音声は、猿の群れのボスが危険を予告する時に発する音波と同じで、子供に恐怖心を与えるものに他ならないというのである。

「あなたならやれる」と自信を持たせて育てるか、キンキン声で「駄目じゃないか」と叱りながら育てるかで、一人の一生を左右することを忘れないでおきたい。

つるうめもどき

「取相を破《は》す」――こだわりの心、とらわれの心、かたよった心を解き放つ

中国・天台智者大師（筆者私訳）

茶室の床の間に「観自在」の軸を掛けた。インドの菩薩《ぼさつ》アバローキテーシュバラを、羅什《らじゅう》三蔵は「観世音」と訳し、羅什より二百年後に出た玄奘《げんじょう》三蔵は「観自在」と訳した。言葉にも出せない心のうめき、あるいは強がりや反撥《はんぱつ》という形で表現している心の深みの叫びまでも聞きとってくださる大きな耳、という慈悲の角度から訳したのが観世音で、厳しい智慧の角度から訳したのが観自在といえよう。

その両方に「観」の字が冠せられており、その心を天台大師は「取相を破す」と訳された。

昔から「失敗が人間を駄目にするのではなく、失敗にこだわる心が人間を駄目にする」といわれてきた。「取相」というのは執着、こだわりの心。あらゆることにこだわり続けている自分への凝視を深めていきたい。

百計千方《ひゃっけいせんぽう》ただ身の為にす、知らず身はこれ塚中《ちょちゅう》の塵《ちり》なるを。言うこと莫《なか》れ白髪に言語なしと、これはこれ黄泉伝語《こうせんでんご》の人

中国・唐代　香厳禅師

白髪がめだってきたこの頃、香厳《きょうげん》禅師の詩が心にしみ入る。「百計千方ただ身の為にす、知らず身はこれ塚中の塵なるを」。われわれは朝から晩まで、そして一生、何かを追いかけてあくせくしているが、その中身をよくよく点検してみると、みんなわが身によかれということばかり。他を傷つけてまでも愛しこだわり続けたその自分も、ゆきつくところ墓のひとにぎりの土になるだけではないか。

「言うこと莫れ白髪に言語なしと、これはこれ黄泉伝語の人」。白髪に言葉がないと思ってはいけない。これはあの世からの「そろそろお迎えに行ってもよいかえ」「旅立ちの準備はできたかえ」という伝言の人だという。頭中伝言の人でいっぱいになっても準備のできない自分を恥じいるばかりである。

怨《うら》みごころは、いかなるすべをもっとも怨みを懐《いだ》くその日まで、人の世にはやみがたし。
怨みなきによってのみ、怨みはついに消ゆるべし。

法句経

七歳で失明した塙保己一《はなわほきいち》が、天満宮に参詣した時、版木屋の前で下駄《げた》の鼻緒が切れてしまった。店の者に紐《ひも》がほしいと頼んだら、店の者が紐を放り投げてよこし、手探りで紐を探す姿がおかしいと、手をたたいて笑った。保己一はくやしさに耐えながらはだしで帰った。

やがて大学者となり、千五百巻を超える『群書類従《ぐんしょるいじゅう》』を出版するにあたり、彼はこの店を版元に推薦した。驚いて礼を言う店の主人に保己一は「私の今日あるのは、あの時のくやしさが動機なので、私こそお礼を述べたい」と、見えない目に深い喜びをたたえて語ったという。

怨みに報いるに怨みをもってして苦しんでいる青年にこの話をし、怨みをバネにして立ち上がり、怨みを光へと転ぜよと励ましたことであった。

ななかまど

床の間に棺桶《かんおけ》を置いて、行き詰まった時、その中へ入り、そこから見なおして見よ

内山興正

富士山に登った人が語った。

「富士山は遠くから眺めるものです。山に入り、登り始めたら、粗削りの山肌や岸壁や谷にさえぎられて、富士の姿は隠れ、目に入るのは登山者の捨てたごみの山ばかり……」

「山を出なければ山は見えない」と私は好んでサインする。山全体を展望しようと思ったら遠く離れて見ることだ。そのように一人の人を見るにも、例えば親子、兄弟、夫婦、近すぎて見えるのは欠点ばかり。まして自分の人生はさらに見えない。

内山老師が「棺桶の中から」という表現をされたように、自分の人生の外から、死にきった世界から見なおして、初めてどうあるべきかが見えてこよう。日々共にありながら、死にきった世界から見る眼を養って育てることができたら、と思うことである。

嘘《うそ》ひとつ言い得ぬほどに変わりたる　身の愛《いと》しさを尊く覚ゆ
身に持てる優しさをふと知らされて　神の賜《たま》はる生命と思ふ
島秋人

これは終戦で外地より引き揚げ、貧困のどん底で飢えに耐えかね、強盗殺人を犯した死刑囚、島秋人の歌である。獄中生活八年の間に善き出会いを重ね、キリスト教徒としての洗礼も受け、一方、窪田空穂を師父と仰いでの短歌の道を通して、自分の人生をどんどん変えてゆく。

「このからだ鬼と仏とあい住める」と某死刑囚は吟じた。条件次第では鬼も仏も出す材料のすべてを持っている私。たった一度の人生を、鬼の面ばかりを出さず、仏の面を、美しく優しい面を引き出して生きていきたい。道元禅師も「みづからが所作なりといふとも、しづかに随喜すべきなり」と語っておられる。自分で自分の生き方を褒めてやることができるような生き方へと、善き縁に会うことで自分を変えていきたいものである。

鈴でも玉が入りゃ鳴るけっど、入っとらんと鳴らんけんのう。

妙好人　因幡の源左

何事も本気にならなければ、本人の心に火がつかなきゃ始まらない。そこを鈴の玉にたとえた源左さんのユーモアと的確さに感心するばかりである。

肉体の栄養だけは行き渡って見事な体格の若者が、腐った魚のような目をして、所在なさげにたむろしているのを見ると「おい、しっかりせんか！　いかに立派な形をした鈴でも、肝心の玉が入っとらんと鳴らんけんのう」と肩をど突きたくなる。

「誰の人生だと思っているのだ。君の人生じゃないか！　君の人生を何とかできるのは君自身しかいない。自分の手で塵埃《ちりあくた》のようなものに落としてしまって悔いはないのか。もっと自分の人生を大切になされ！」と叫びたくなる。

すいせん

煩悩《ぼんのう》を満足させなかったら、仏法もさかえない。

沢木興道

これは仏法のみを振りかざして修行者を厳しく教育したために、何人かが去っていったのを省みて語られた、晩年の沢木老師の言葉である。

飢えている者にはまずパンを、病人には薬をと、欲しているものを与えることから始めて、どうなっても大丈夫という最後の落ち着き場所まで次第に誘引する。これが本当の親切というものであろう。

欲は大切な生命のエネルギーであって、悪ではない。その欲を小さな「わが身かわいい」の我欲の方向へ向けた時、煩悩となり、釈尊はこれに対し、少欲・知足と戒められた。同じ欲を向上の方へ、または少しでも世のため、人びとのお役に立ちたいという利他行へと方向付けができた時、菩薩《ぼさつ》の誓願行となる。

たった一度の人生、こちらの方向に向けて大欲張りになりたいと思うことである。

かけた情けは水に流し、受けたご恩は石に刻め

武原はん

　ある日、見知らぬ訪問客があった。「先生のご著書を愛読しています」と言い、追い詰められた生活苦を訴え、金を貸してほしいという。たまたま布施された浄財をそのまま「薬代なり子供の学費の足しに」といって差し出した。卓上の金を見て客はどきっとした表情をした。一瞬「詐欺かな？」と疑う思いが脳裏をよぎったが、あえて打ち消し、借用書もいらないといって渡した。

　数年後、警察から電話が入り、逮捕された犯人がそのことを白状したという。私は言った。「承知で差し上げたものです。生かして使ってくれと伝えてください」と。

　余語翠巌《よごすいがん》老師はよく、「例えば金貸しなど、あげるつもりで貸せば喧嘩《けんか》にはならず腹も立たない」とおっしゃっておられた。代償を求めない生き方を、と自らに問う日々である。

遠近《おんごん》の前途を守りて利他の方便をいとなむ。

――遠い将来のことまでも考えた上で、今どうしてやるのが親切かと考える　道元禅師

タクシーの運転手が語りかけてきた。

このごろの若いお母さんは子供を叱ることさえ知りませんな。銀行での待ち時間、靴をはいたままで長椅子の上で遊んでいる子供に、何度も「靴を脱げ」と注意したが、脱がない。横から母親が「よそのおじさんが怒るから脱げ」と言った。私は思わず「靴のまま椅子の上で遊ぶことの是非をこそ叱らねばならないのに、おじさんが怒るから脱げという言い方があるか」と母親を叱りつけた、ということである。

私は言った。「ようこそ叱ってやってくれました。自分の子供さえ叱れない。まして他人の子供は叱りにくいもの。しかし、子育てというのは、その子の将来はもちろん、人類や地球の明日を背負う人間を育てるということで、その責任は大人たち全部が背負うべきものですから」と。

水はうたいます。川をはしりながら、海になる日のびょうびょうを（中略）。雲になる日のゆうゆうを（中略）。雪や氷になる日のこんこんこんこんを（後略）。 まど・みちお

一つの水が縁に随《したが》って海の形をとり、雲の姿と変わり、雪や氷と変化する。縁に随って液体となり気体となり固体と変わる。雲や雪、氷という具体的な姿をいただくと、生まれてくる日があると同時に終わってゆく日がある。しかし、なくなってしまったのではなく、水からいただいて水に帰っただけ。

この水のところへ「仏の生命《いのち》」という言葉を置いてみる。永遠の仏の生命を縁に随ってあなたや私という生命としてこの世に誕生し、やがてさよならをして仏の生命へと帰ってゆく。

息子を亡くした若い母が泣き崩れながら問うてきた。「息子はどこへ行ったんでしょうか？」と。私は答えた。「どこへも行きやしない。あなたといつも一緒にいる。仏さまの生命に帰っただけ」と。

自ら活動して、他を動かしむるは水なり。つねに己の進路を求めてやまざるは水なり。障害にあいて激しくその勢力を百倍し得るは水なり、云々《うんぬん》。

黒田如水

私は人生運転を水にたとえて語る。誰の人生道にも、失敗という黄信号や病気という赤信号が出る。

われわれは赤信号が出て止まったり、後退しなければならなかったりすると、「ああ駄目だ」とあきらめてしまいがちである。路線を変えて大回りすると、それたまま、元の路《みち》に帰ることを忘れてしまう。

水はせきとめるほどに力を増し、大回りするほどにゆたかになりながら、初心の通り前へ進むことを忘れない。人生運転も水のようでありたい、と。更に子育て中の親たちには「親の言う通りにはならないが、親のする通りになる」と語りかける。

安土桃山時代の武将で、織田信長や豊臣秀吉に仕えた黒田孝高が、如水と号し、「水五則」を残した心も、そこにあったのであろうと思うことである。

「その顔じゃ駄目だ！」

内山興正

参禅会の講師としてお越しいただいていた内山老師を訪ねて、一人の女性がやって来た。老師は女性の顔を見るなり、「その顔じゃ駄目だ！」と一喝された。泣き面なのである。

人格も、その象徴としての顔も、それまで生きてきた人生の総決算の顔であり、同時に出発点の顔でもある。

すべての人が一日二十四時間、一年三百六十五日という時間の財産を平等にいただいている。その財産をどう使うか。同じ一つのことも暗く受けとめると、人格も顔も暗くなる。その顔で開いてゆく明日も暗いものとなろう。

どんなことも、明るく幸いと受けとめ、転じてゆけば、人格も顔も明るく輝き、開かれてゆく明日も明るいものとなろう。

そのことにどう取り組むかで人生を変えてゆくことができるということを忘れまい。

制限速度を守るもいいが、波にも乗ってもらわんと、傍迷惑《はためいわく》ですなあ。

運転手のつぶやき

ラッシュ時間、私の乗ったタクシーの前を、制限速度を守った車が走っていた。その車の前はずっとあき、あとについた車はイライラしながら連なった。

運転手がつぶやいたこの一言に私は思わず膝をたたき、こんな話をした。

「達磨《だるま》さんの教えに称法行《しょうぼうぎょう》と随縁行《ずいえんぎょう》というのがあるんです。称法行というのは法に称《かな》った生き方ということで、運転にたとえたら制限速度をきちんと守って走るということ。随縁行というのは、時にしたがい、縁にしたがい、柔軟に対応してゆけというのですよ。天地の道理である法に随順して生きねばならないことは間違いないけれど、それにこだわり、それを振り回してはいけない、という教えですね」

思いがけない会話ができたことを共に喜びあったことである。

足元を深く掘れ、さらば泉を見いださん。

英語の格言　高山樗牛《ちょぎゅう》訳

京都・宇治にある黄檗《おうばく》宗の本山、万福寺には、鉄眼禅師（江戸時代）の作った一切経の版木を納めた建物がある。そこを訪れたとき、私は思わず一枚の色紙を探した。

「一本の鍬《くわ》と掘り返された少しの土だけが、色あせた墨で描かれていた。その絵に添えて、『一鍬掘り足りないために水の出ない人がいる。それは誰か』とあった。天雷の響きに、頭が割られる思いがした」

と語られた奥村一郎神父の言葉を思い出したからである。いつどこを、どのように掘ってもよいというのではない。時は今、ところは足元と、底を少しでも深く掘れというのである。

浅く、部分的にしかいただいていない自分をもどかしく思いつつ、先達の遺《のこ》された教えを、少しでも深く、と願うのであるが。

彼是なるときんば則ち我が非なり。我是なるときんば彼非なり。我必ずしも聖に非ず、彼必ずしも愚に非ず、共に是れ凡夫のみ。

（憲法十七条）聖徳太子

立場が変わると是非善悪が逆転するような人間の分別をふりまわして、限りない争いを繰り返している姿に対し、祈る思いで書きあらわさないではおられなかった聖徳太子の御心が、千四百年の歳月を経てもビンビンとひびいてくる。

良寛さまの詩に「首《こうべ》を回《めぐら》す五十有余年、人間《じんかん》の是非《ぜひ》一夢《いちむ》の中《うち》」という一句がある。三十代はじめ、この詩に出会った時、私は「ああ、良寛さま、年をとってから作られた詩だな」と思った。

八十代の今、私は思う。「良寛さま、若いときに作られた詩だな」と。まさに「人間の是非一夢の中」で、一つの詩を判断するにさえ、その真ん中に私がいる。私を入れず「仏はどう見るか」と、と問いつづけていきたい。

平成二十八年の歌会始のお題「人」によせて

人間の是非をばこえてひたぶるに　君がみあとを慕いゆかばや

独来独去無一随者――独り来たり独り去る。一として従う者なし。『大無量寿経』

幼な子が一人旅立った。なげき悲しむ母をおいて。五十余年の歳月を共に歩み、いつくしみあってきた老夫妻、夫を残して妻は逝った。旅立つも独り、あとに残るも独り。独り残った老翁はつぶやいた。「孤独地獄におちています」と。

釈尊は生・老・病・死の四苦を説かれた。生まれるのも独り、年老いるのも独り、病むのも独り、死するのも独り。

「人は、ただ独りでそれに立ち向かっていかねばならぬものだ」ということを、唯識学の泰斗の、太田久紀先生は、ご自分が病んでみてあらためて痛感したと語っておられる。

「独り来たり独り去る。一として従う者なし」と、すでに仏は説いておられる。

「助けてもらえるような」「助けてやれるような」というあまえを捨てて、立ち向かわねば、と思うことである。

声なきを恨まず、耳なきを恥じる。

道元禅師

「渓声《けいせい》すなわち広長舌、山色あに清浄身にあらざらんや。夜来八万四千の偈《げ》、他日いかんか人に挙似せん」。これは中国・宋代の蘇東坡《そとうば》が廬山《ろざん》に遊び、詠じた詩である。谷川の流れが法を説き、山々が真実の姿を示し続けてくれている。昨夜来、聞き得た限りない天地の大説法を、どう人々に伝えようか、というのである。

釈尊は十二月八日未明、東天に輝く明星を見て天地悠久の真理を悟られた。ニュートンはリンゴの落ちるのを見て引力を発見した。

私はいったいどうなんだろう。谷川の音のほかは何も聞こえず、山の姿や明けの明星も、そしてリンゴの落ちるのも、そのことのほかは何も見えず、聞こえていない。

「声なきを恨まず、耳なきを恥じる」と、道元禅師にしてこのお言葉があることを思うとき、消え入りたい思いにさいなまれつつ、一歩でも二歩でも深まらせていただきたいと切に願うばかりである。

袋が小さければ大きな品物はつめられない

孔子の言葉

子育てに夢中になっていて、気がついたら夫に愛人ができていた、と訴えてきた女性に私は尋ねた。「あなたの心が子供にばかり向いていて、ご主人に淋《さび》しい思いをさせたんじゃありませんか」と。女性はハッとした様子で「そうでした」と語った。子供のことだけでいっぱいで、主人のことを考えるゆとりはありませんでした。

小物入れには小さなものしか入らない。大きなものを、しかもたくさん入れようと思ったら、袋を大きくせねばならない。袋より風呂敷のほうがもっとよい。自分の形を持っていないから、相手の姿や大きさに応じて、どんな形にでもなって包みこみ、しかも不要な時は小さくたたまれて、ひっそりと控えている。

いかなる時も無条件で、すべてを包みこめる人間になれるといいなあ、と思うのだけれど。

世間、福を求むるの人、吾に過ぎたるはなし　釈尊

「人生は幸せを求めての旅」といえよう。幸せを何とするか、択《えら》ぶ眼の深さ高さが、その人の人生を決めるといってもよい。

「世間、福を求むるの人、吾《われ》に過ぎたるはなし」と釈尊はおっしゃった。一国の王子であり、やがて王様になることが約束されているお方。世間的には最高の幸せのただなかにおられるはずの釈尊が、そのすべてを捨てて出家された。最高の幸せを求めての旅立ちである。

名誉も財産も家族も、持ち物にすぎず、いざというとき役に立たないばかりか、持ってゆくこともできない。持ち主私の、今日只今をどう生きるか、それを求めての旅立ちが、釈尊の出家であり、命がけの御修行の末に見つけ出され、説き残された教えが仏教である。

聞く耳のあるうちに、聞いて実践する体のあるうちに、少しでも深く学び、一度きりのやりなおしのできない人生を悔いないものにして生きたいと思うことである。

仏の光につつまれて、私の中の悪念がふとみえる。太陽の光ではみえぬ悪念。　榎本栄一

ある方の話の中に「テッポウ（鉄砲）とブッポウ（仏法）は一字違うだけだが、鉄砲は外に向かって打ち、仏法は自己の内面に向かって打つ」という一言があった。内に向かって投げかけ、私の内なる闇を照らし出し、闇を闇と気づかせてくれるのは、仏の光のおかげである。

それと同時に、闇のおかげで光に出合わせていただけるのでもある。広漠たる宇宙空間に透明な光がゆきわたっていても、それを光と認識することはできない。闇があり、黒い影をひく地上の人間や草木の姿を通して、光の存在や働きに気づかせてもらうことができるのである。

闇に導かれて光に出合うことができたと気づいたとき、煩悩は、迷いや悲しみは、光に出合うための、仏からのたまわりものと喜ばせてもらえるのである。

過《あやま》ちて改めざる、是《これ》を過《あやま》ちと謂《い》う

孔子の言葉

入試を目前にした若者が坐禅に来た。帰るとき「先生、合格するように拝んで下さい」という。私は言った。「二、三回落ちたほうがいいよ。身心の柔軟なうちに上手に落ちる稽古《けいこ》をするんだね」と。

昔から「失敗が人間を駄目にするのではなく、失敗にこだわる心が人間を駄目にする」といわれてきた。ストレートにエリートコースを走るばかりが能ではない。そんな人生では、一つ間違ったら高慢な人間になりかねない。また、失敗に弱い人間になる。むしろ失敗したことを跳躍台として、ストレートにゆくよりもより高く、より強く立ちあがることができたら素晴らしい。失敗したことを通して、失敗した人の悲しみのわかる人間になれたら、もっと素晴らしい。成功しても驕《おご》らず、失敗しても落ち込まず、成功、失敗にガタガタしない人間になれれば更に素晴らしい。

入試という人生の一つの関門を、全人教育の場に生かさなくてはもったいない。

なにかをおれも配達しているつもりで今日まで生きてきたのだが（中略）、この少年のようにひたむきに、おれはなにを配達しているのだろうか。

高見順

これは高見順の「新聞少年」と題する詩の一節である。癌《がん》で入院している時、毎朝新聞を配達してくれる少年のひたむきな姿に感動し、自分の生き方に重ねてのモノローグともいえよう。

私が好んでサインする言葉に「歩々起清風（歩々清風起こる）」の一句がある。その人の歩むところ、止まるところにさわやかな風が起こる、というのである。その人と共にいるだけで、その人が通り過ぎて行かれたというだけで、周囲の人々に喜びや安らぎを、生きてゆく勇気を与えて下さる人がいる。

反対に、その人が入って来ただけで、その人の顔を見ただけで腹が立つ、その場の空気が暗くなる、そんな人もいる。さて、私はどうか、人々に何を配達していたかと、自らに問う毎日である。

国際人とは無国籍人になることではない。

——ペルシャ陶器のラスター彩の発掘調査・再現の功労者

文化勲章受章者　加藤卓男

わずか一か月ほどの海外の旅から帰るたびに思う。「日本は墨絵の国だな」と。遠い山は薄墨を刷いたように、近くなるほどに墨色は濃くなり……。車で市街地を走る。「ここはどこの国だっけ?」と。横文字や横文字をカタカナにした看板がむやみに目につく。私は思わず日本語の看板を探しつつ思う。「日本人なんだから、もっと日本語と日本の文字を大切にしてほしい」と。

半世紀にわたりノートルダム清心女子大の学長を務められた渡辺和子先生に、仏像に心惹かれている学生が質問した。「キリスト教はあまりに異国的だ」と。和子先生は答えた。「私もみ仏の姿に日本人でなければ味わえない安らぎと郷愁を覚えます。それまで失ったら、私は無国籍の中途半端な人間でしかないと思います」と。

和子先生のこの言葉を聞いて、和子先生の語りはきわめて日本的・仏教的であることの背景に、このようなきめこまかな配慮があったことにあらためて感銘を受けたことである。

同時に文字通り国際人といえる加藤卓男さんが「国際人とは無国籍人になるということではない」と語り、その生活や家のたたずまいが、江戸時代を思わせるような姿であったことに思いを馳せたことであった。

おてんとうさまの　ひかりをいっぱい吸った　あったかい座ぶとんのような人

相田みつを

寒い日、来客にひなたに干してあった座ぶとんを勧めた。座るなり「あったかーい」と喜んでくれた客の声を聞き、相田みつをさんの座ぶとんの詩を思った。

修行の道場は大部屋生活である。「私が主人公」という顔をして座ぶとんに座りたい人ばかりが揃《そろ》うと、とかく波立っておだやかでない。座ぶとん役になれる人が一人か二人いることで何とか波はおさまる。

座ぶとんの配役は下に敷かれるという配役である。下に敷かれながら、ときに姿まで隠してしまう存在である。全く自己主張なく下に敷かれながら、しかもその人の全身をやわらかくふんわりとあたためる役。

ああ何とすばらしく、また何と難しいことであろう。精神的に大人として成熟した人にして、はじめてつとめうる配役であろうと思う。

おわりに

「やむを得ず八十四歳の春を迎えました」とは、余語翠巌老師よりの年賀の一節。沢木興道老師は、「歳をとるのもあなたまかせ」とおっしゃっておられました。いつの間にか、生涯の師とあおぐお二人の年齢に達し、お二人の足もとにも及ばない自分を恥じ入るばかりです。

八十年を越える人生の旅路の中で、深い霧におおわれて道が見えなくなったとき、あるいは曲がり角に来たとき、いくつかの分かれ路に来たときなどに、確かな道しるべとして、私を支え、立ちあがらせ、前へ進ませてくれたのは、この道の先達方の残された生きざまと言葉でした。

たまたま中日新聞の依頼を受け、平成八年より今日にいたるまで、二十年余にわたり、毎月一回ないし二回、それらの言葉と、言葉に参じた思いを書きつづけさせていただきました。平成十八年にそれらをまとめたもの一四五篇が『あなたに贈る　ことばの花束』として上梓され、このたび、その後の一五一篇が出版の運びとなりました。

出版にあたり読み返してみますと、同じ言葉をしばしば引用していることに気がつきましたが、先達の言葉は生涯かけて参ずべきものであり、また参ずる者の受け皿の違いや角度の違いで、より深くより多角的に参じてゆくべきことの一例と受け止めていただければ幸いと存じます。

本書の上梓にあたり、春秋社会長神田明氏、社長澤畑吉和氏に感謝申し上げるとともに、編集の労をおとりいただいた編集部の佐藤清靖氏、楊木希氏に御礼申し上げます。また、このたびも前回につづいて、野の花々の装画で全篇を雅味あふれるものとしていただいた荒崎良和氏に、心からの感謝を捧げたいと思います。

平成二十九年九月重陽の日

青山　俊董　合掌

青山　俊董（あおやま　しゅんどう）
昭和8年、愛知県一宮市に生まれる。5歳の頃、長野県塩尻市の曹洞宗無量寺に入門。15歳で得度し、愛知専門尼僧堂に入り修行。その後、駒澤大学仏教学部、同大学院、曹洞宗教化研修所を経て、39年より愛知専門尼僧堂に勤務。51年、堂長に。59年より特別尼僧堂堂長および正法寺住職を兼ねる。現在、無量寺東堂も兼務。昭和54、62年、東西霊性交流の日本代表として訪欧師、修道院生活を体験。昭和46、57、平成23年インドを訪問。仏跡巡拝、並びにマザー・テレサの救済活動を体験。昭和59年、平成9、17年に訪米。アメリカ各地を巡回布教する。参禅指導、講演、執筆に活躍するほか、茶道、華道の教授としても禅の普及に努めている。平成16年、女性では二人目の仏教伝道功労賞を受賞。21年、曹洞宗の僧階「大教師」に尼僧として初めて就任。曹洞宗師家会会長、明光寺（博多）僧堂師家。
著書：『くれないに命耀く』『手放せば仏』『光のなかを歩む』『光に導かれて』『光を伝えた人々』『あなたに贈ることばの花束』『花有情』『今ここをおいてどこへ行こうとするのか』（以上、春秋社）、『新・美しき人に』（ぱんたか）、『一度きりの人生だから』『あなたなら、やれる』（以上、海竜社）、『泥があるから、花は咲く』（幻冬舎）他多数。

あなたに贈る　人生の道しるべ――続・ことばの花束

2017 年 10 月 30 日　初版第 1 刷発行
2018 年 9 月 20 日　　第 2 刷発行

著　者　青山　俊董
発行者　澤畑　吉和
発行所　株式会社春秋社
〒 101-0021
東京都千代田区外神田 2-18-6
電話　(03)3255-9611（営業）　(03)3255-9614（編集）
振替　00180-6-24861
http://www.shunjusha.co.jp/
印刷所　萩原印刷株式会社
装　丁　野津　明子
装　画　荒崎　良和

ISBN 978-4-393-15342-0　C0015　　定価はカバー等に表示してあります。

青山俊董の本

あなたに贈る　ことばの花束

四季折々の野の花たちに囲まれた百四十句の言葉たち。それは著者自身の人生の中で常に指針となり慰めとなったものである。ちょっとホッとする時間に誘われる会心のエッセイ。　一〇〇〇円

くれないに命耀く　禅に照らされて

熱烈な求道の道々にある出会いと別れの数々。その機縁を和歌に活かして成った随筆は、自身の身の置き所を失ったすべての人びとに送る自己再生のための「人生講話」。　一八〇〇円

光を伝えた人々　従容録ものがたり

碧巌録と並ぶ公案集として有名な従容録の問答を機縁に、単なる禅問答の知的理解にとどまらず、あくまでも生活に根ざした「今・ここ」をいきいきと生きるための智慧を語る。　一七〇〇円

光に導かれて　従容録ものがたりⅡ

禅の公案集として名高い従容録一則一則の要諦を懇切に解説。「即今只今」を真実に生きるための素材として豊富な話材を駆使して語る易しい法話集、第二集。　一八〇〇円

光のなかを歩む　従容録ものがたりⅢ

かけがえのない「即今只今」を、ほんとうに真摯にかつ真実に生きるための素材として、従容録の禅問答を豊富な話材を駆使して語る法話集の白眉。待望の第三集、完結編。　一八〇〇円

▼価格は税別。